損しない！ モメない！

実家の不動産相続のヒケツ

相続前でも
相続後でも

山本 健司 Yamamoto Kenji ｜ 高橋 朋宏 Takahashi Tomohiro

サンルクス

はじめに

私は長年、不動産業に携わってきましたが、このところ、お客様からの不動産相続に関するお悩みのご相談が、目立って増えてきています。

人が亡くなると故人の遺産は、相続人全員の共有財産となります。日本の高齢者の家計資産は約65％が不動産で、残りの35％が金融資産だといわれています。金融資産の現金や預貯金、株などの有価証券は、誰にでもすぐにその価値がわかりますから、わけることがかんたんにできます。

しかし、土地や建物などの不動産は実際に売れない限り、その価値が確定しませんし、売却そのものが難しいケースも多々あります。そこで、現金や預貯金、有価証券だけをとりあえずわけて、分割が難しい不動産に関しては共有名義にしておくということになりがちなのです。実は、この相続不動産の共有名義が多くのトラブルの原因となります。

共有名義の不動産がのちのちの争いの種となる

私が売却を扱った、あるご兄弟のケースです。高齢の母親と独身の兄が、母親所有の一戸建てに同居していましたが、母親が病死。母親を介護していた兄は「このままここに住みたい」と主張しました。結婚して、実家を出ていた弟が、それを認め、母親から相続した実家の不動産は、兄弟の共有名義となりました。

数年後、弟は自分の息子の教育費が必要になったので、「実家を売って、売却代金の半分がほしい」と兄に申し出ました。兄はそれを認めず、二人の争いはお互いが弁護士を立てる事態にまで発展しました。結果、弟の主張が認められ、兄は狭い賃貸住宅へ引っ越しただけではなく、弟はおろか、幼いときから可愛がっていた甥っ子とも二度と会えなくなってしまいました。

このような親族同士の骨肉の争いを見るたびに、「もっと早く相続の準備をしておけば、これほど感情的にもつれることはなかったのに」と残念な気持ちでいっぱいになります。

２０２０年に全国の家庭裁判所の遺産分割事件で成立した調停は５８００件あり、その遺産額は、５０００万円以下が78％、１０００万円以下でも35％でした。遺産額が莫大でなくとも相続争いが起きる可能性は充分にあるのです。

ごくふつうのご家庭で、血のつながった家族や親族同士が、実家の不動産を相続したばかりに不本意な争いに巻き込まれているという事実を想像できますでしょうか。相続争いは、決して、他人事ではなく、多くの人の身に起き得る現実なのです。

不動産相続のトラブルの原因は知識不足と準備不足

共有名義以外にもトラブルの原因は様々あります。たとえば、相続税の申告納税は、被相続人が死亡したことを知った日の翌日から10か月以内に行わなければなりません。相続税を払えるだけの現金や預貯金がない場合は、不動産を売却して相続税を払う必要があります。

土地を売るためには面積を確定しなければなりません。それには土地家屋調査士や測量士に依頼して、隣接地の所有者立ち会いのうえで測量を行い、確定測量図を作成しなければなりません。この作成だけでも3か月から半年の時間がかかります。この時間が取れず、納税期限までに土地を売ろうとして境界線がはっきりしないまま売り出し、相場よりも大幅に安い価格でしか売れなかったといったケースが珍しくないのです。

本書では、不動産相続の知識や準備が足りなかったばかりに被る損失や人間関係の破綻などを避けるために役立つ、遺言書の書き方から様々な手続きや対処法を、網羅的にわかりやすくまとめました。特に法律に関係する部分は、不動産と相続分野を得意とする司法書士の高橋朋宏氏に執筆いただきました。

「そろそろ相続が気になっている」方や「もう相続して、いま困っている」という方にとって、「損しない・モメない」ために、本書が少しでもお役に立てれば、著者としてこれに勝る喜びはありません。

山本健司

CHAPTER 1
不動産相続はなぜトラブルの元となるのか？

CONTENTS

CHAPTER 2

不動産の相続前にやっておくべきこと 知っておくべきこと

CONTENTS

CHAPTER 3

不動産の相続時・相続後にやるべきこと

CONTENTS

COLUMN

CHAPTER 1

不動産相続はなぜトラブルの元となるのか？

1-1

相続した不動産を共有名義のままにしておくとトラブルになりやすい

相続が発生した瞬間に故人の遺産はすべて共有財産となる

相続トラブルというと、それは高額な相続税を支払わなくてはならないような富裕層の問題で、自分には縁のないことだとお考えになっていませんか。しかし、それは大きな勘違いです。

相続税には**基礎控除**があります。遺産（相続財産）が、基礎控除の3000万円＋相続人1人あたりの控除額600万円以下なら、相続税はか

税金には、税額を計算するときに、課税対象額から誰もが引くことのできる金額が定められており、それを基礎控除と呼ぶ

かりません。たとえば、親夫婦と子ども２人の家庭で父親が亡くなったとします。基礎控除額３０００万円＋母親分（６００万円）＋子ども分（１２００万円）＝合計４８００万円ですので、遺産が４８００万円以下であれば、相続税を支払う必要はありません。

「はじめに」でも触れましたが、２０２０年に全国の家庭裁判所が扱った遺産分割事件で調停が成立した５８００件の78％が、遺産額では５０００万円以下でした。

総務省が２０１９年に行った全国家計構造調査によると、50～80歳代の世帯主の家計資産の平均総額は３８５５万円でした。多くの相続争いが、相続税を払わずに済むような、ごくふつうのご家庭の相続によって起きているということがおわかりいただけると思います。

遺産分割事件の相続財産額別の調停成立件数

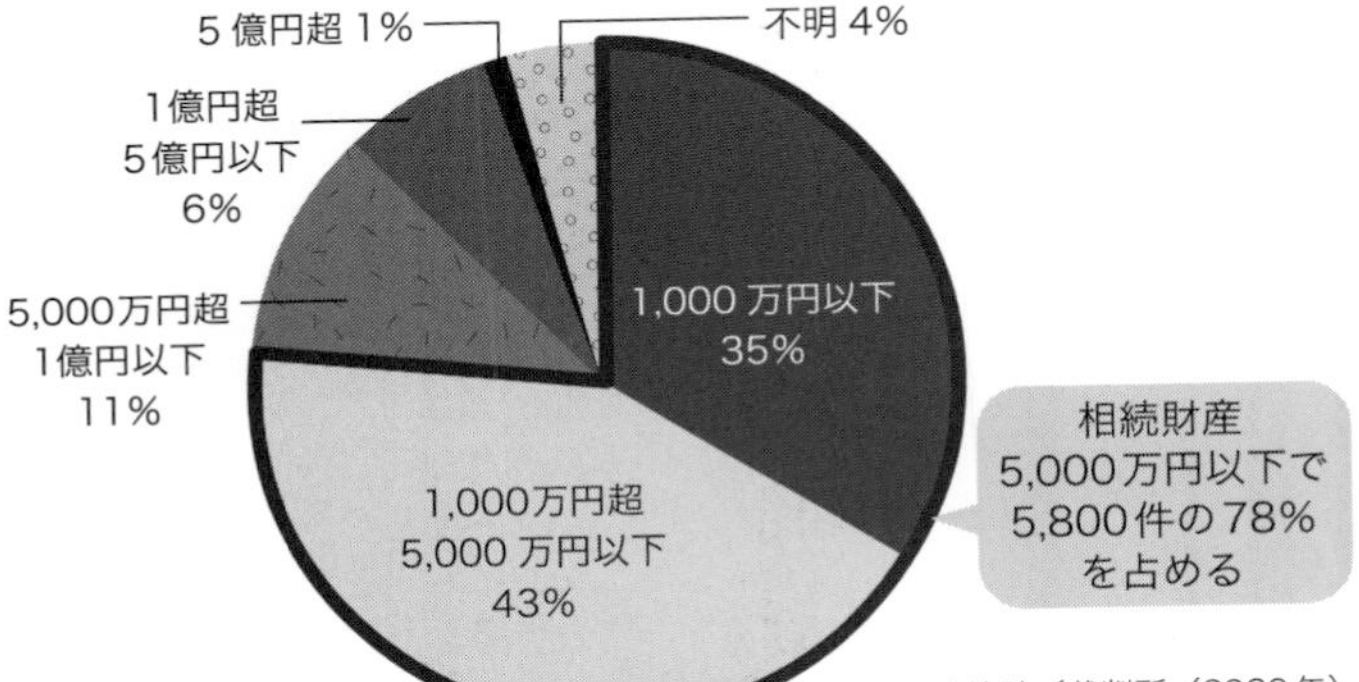

司法統計／裁判所（2020年）

世帯主の年齢階級別家計資産構成

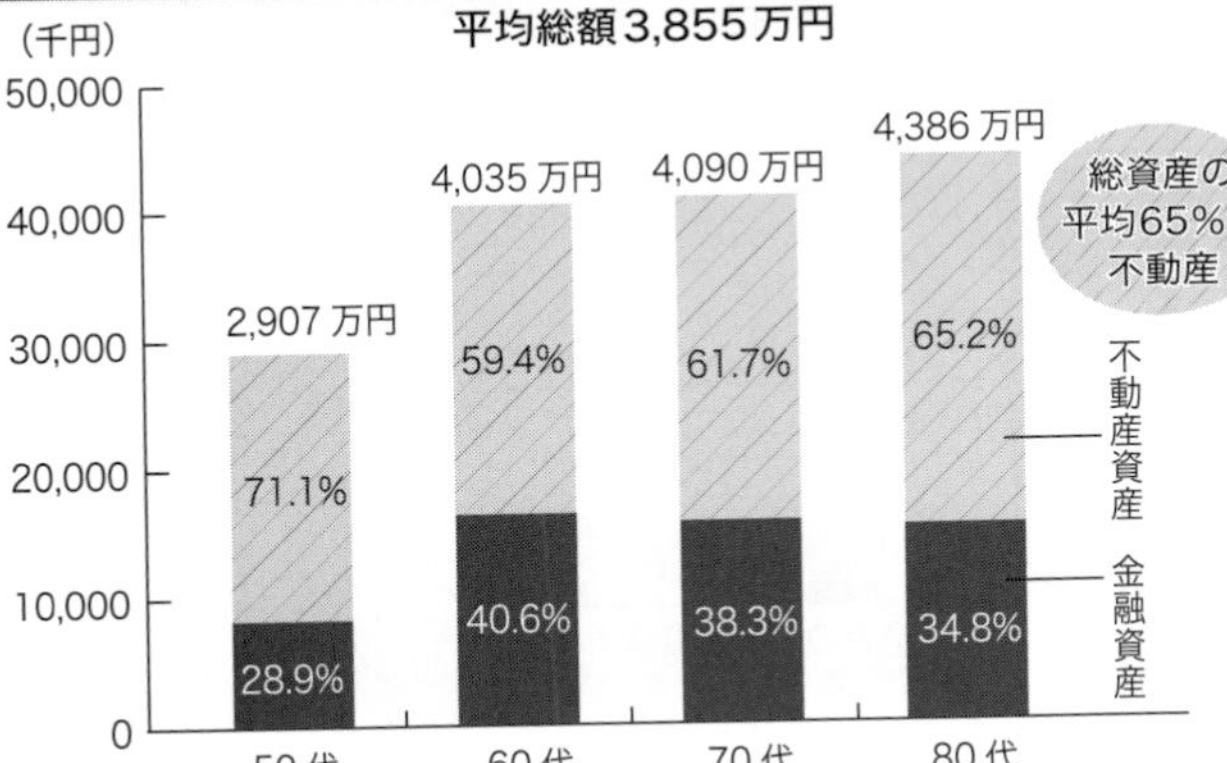

全国家計構造調査／総務省（2019年）

相続は人が亡くなった瞬間に発生します。故人（被相続人）の遺産は、自動的に相続する権利を持つ**法定相続人**のものとなります。法定相続人がいない。または1人しかいないというケースはまれですので、ほとんどの場合、故人の遺産のすべてがいったんは複数の法定相続人の共有財産になります。

不動産は分割することが難しいので共有名義のままになりがち

共有状態になった故人の財産を相続人でわけ合うことを遺産分割といいます。相続人が好き勝手にわけることはできず、法律に沿った方法で、それぞれの取り分を決めなければいけません。詳しくは後でお話しますが、大きくは2つの方法があります。

1つ目は遺言書に書かれた遺産分割の内容に従う方法です。遺言書がない。あるいは、遺言書はあるけれども、法的に有効ではないか、相続人全員が遺産分割協議することに合意した場合は、2つ目の方法である遺産分割協議によっ

法定相続人は本人の意志とは無関係に法的に遺産相続する権利を持つ。
法定相続人以外の人は遺言書に記載がない限り遺産の取得はできない

て遺産をわけることになります。

話し合い、相続人全員が納得したうえで各人の取り分を決定し、遺産分割協議書を作成します。遺産分割協議書があれば、口座凍結されていた預貯金を引き出すことも、株券の名義を書き換えることもできるようになります。

現金や預貯金、株券など有価証券類はその価値がわかりやすいので、取り分を決める際にもめることも少ないのです。しかし、相続財産の65％を占めるといわれている不動産の分割は、それほどかんたんにはいきません。

相続人全員が同意すれば、売却して、その代金をわけることもできますが、1人でも売却に反対したり、そのまま住みたいとか、賃貸住宅にして家賃収入を得たいなどといい出す人がいれば、話し合いはまとまりません。

結局、遺産分割協議で不動産の分割について決着がつかないと、解決を先送りして、とりあえず共有名義のままにしてしまう場合が多いのです。それがのちのちのトラブルになりやすいので、注意が必要です。

まとめ

- ☑ 人が亡くなると、遺産は法定相続人の共有財産となる
- ☑ 不動産は分割されず、共有名義のままになりがち
- ☑ 共有名義の不動産はトラブルにつながりやすい

1-2

家族の関係を保つためにも共有不動産は早めに分割する

兄弟間の微妙な感情の溝が深刻な相続トラブルに発展する

相続した不動産を分割せずに、とりあえず共有名義にしてしまうと、なぜトラブルが起きやすくなってしまうのでしょうか。それは、人の気持ちは時間とともに徐々に変わってゆくものだからだと思います。

まず、「はじめに」でご紹介した実在の兄弟のケースで考えてみます。相続直後、弟は長い間、病気の母親の介護をしてくれた兄に対して感謝の気持ちもあり、共有名義で相続した実家に兄が無償で住み続けることに不満はありませんでした。しかし、数年が過ぎた頃に、実家を売却し、その代金の半分を渡してほしいと兄に願い出たのです。

自分の息子の大学進学費用が必要になったことが表向きの理由でしたが、実は、弟は独身の兄が大学卒業後、就職しても実家を一度も出ることなく、家賃を一切払わずに住み続けてきたことに違和感を感じ始めてもいたのです。

大学進学時に家を出て、その後、就職して結婚。住宅ローンで自宅も建てて頑張ってきた弟からすると、自分は兄に比べてあまりに実家の恩恵を受けていないように思えてきたのです。その思いもあって、最後には弁護士を立ててまで争うという強硬手段に出てしまったのでした。

身内に対するわだかまりがトラブルの原因になることも

こんなケースもあります。母親が亡くなり、遺産総額5000万円のうち、不動産は4000万円でした。葬儀直後に、長男、長女、次男の3人で遺産分割協議を行い、不動産は共有名義として登記。相続税の納付も済ませました。

1年後に次男から、不動産を分割してほしいとの申し出があり、3人が集まって話し合いました。不動産を売却し、その代金を分割するところまでは意見が合ったのですが、その取り分でもめました。次男が、遺産分割協議で決めた法定相続分の3分の1では足りないと主張するのです。

その背景には、次男の身内への長年のわだかまりがありました。長男と長女は私立大学を卒業しているのですが、次男の大学受験のタイミングで亡父が勤めていた会社が倒産。そのため、次男は国立大学以外は受験できなくなり、結局、受験に失敗。大学進学を諦めざるを得なかったのです。

次男は「自分は長男、長女のように学費を出してもらっていない。それに、大学進学できなかったので、いまも収入が少ない。だから、遺産を多めに受け取る権利がある」というのです。この主張に猛反発したのが長男でした。

この長男、次男の一歩も譲らない対立は、家庭裁判所の調停で争う事態にまで発展してしまいました。そこで長女は、解決策を模索し、自分の取り分はいらないと主張し、長男と次男もそれを認めました。自分の取り分を長男と次男に贈与することで、なんとか決着させたのです。長男と次男の絶縁状態はいまも続いています。長女は「なんで、こんなことになってしまったのだろう」と、すっきりしない気持ちでいます。

どちらのケースも遺産分割協議では納得していたのに、その後の気持ちの変化が原因で、人間関係まで険悪になってしまいました。相続発生前から話し合いを始めていたなら、人間関係を壊すようなことにはならなかったと思います。

まとめ

- ☑ **共有名義が人の気持ちの変化でトラブルの原因に**
- ☑ **身内ならではの感情のもつれが相続争いの原因になる**
- ☑ **早めに話し合うことで、避けられるトラブルもある**

1-3

価値観の違いから起こる相続トラブルは、話し合いで避けられる

家系を継ぐのは長男という意識はまだ消えていない

私事で恐縮ですが、私は不動産業を家業とする家の3代目として生まれました。長男だった私は家業を継ぐ存在として、大人たち、なかでも祖父に特別扱いされて育ちました。祖父に連れられて、いとこたちとデパートへ遊びに行っても、私だけが「おまえは長男だから」といわれ、他の孫たちはひとつなのに、私だけがおもちゃを2つ買ってもらえました。当時は、まだそれが、一般的な

感覚で、私自身もそれを不思議だとは思っていませんでした。

現在の民法が１９４７年に改正されるまで使われていた旧民法では、封建時代の武士階級の相続法を基とした家督相続制度を原則としています。家長が亡くなると、その身分とすべての財産を長男が相続するという制度です。新民法が浸透するにつれて、故人の財産を配偶者や子どもたち全員で相続することがあたりまえになりましたが、家を継いで守ってゆくのは長男という家中心主義の意識は、高齢者世代を中心に、まだ根強く残っているように感じます。

特に会社のオーナー経営者や商店経営者などのご家庭では、できれば家業や不動産を長男に継がせたいと考えているケースは少なくありませんし、家業がないサラリーマンのご家庭でも、家系やお墓を守ってゆくのは長男の務めだという意識が、いまだに強いように感じます。

いまだに残る家中心主義が相続トラブルに発展する

21世紀になり、都市への人口集中や核家族化がますます進展し、若い人たちを中心に、守るべきは「自分や家族」であって、「家や一族」ではないという考え方が一般的になってきています。新民法が施行されてから75年。個人としての意識や権利を重視する文化が、ようやく日本の社会のなかに定着してきたのだと思います。

しかし、それが原因となって、あらたな相続トラブルも生まれています。親が実家を長男に継がせて守りたいと考え、長男がその遺志に応えようとしても、弟や妹が自分たちの遺産の取り分を確保することを主張し、遺産分割協議がまとまらないようなケースです。

長男は慣れ親しんだ実家に住み、いままでどおり暮らしてゆきたいと考えているのに、預貯金など分割できる遺産がわずかしかない場合は、弟や妹たちが望むような遺産分割をするには、実家を売るしか選択肢がありません。もし、調停での争いに発展してしまえば、兄弟姉妹の人間関係は壊れ、元に戻ることはないかもしれません。

家族間の価値観の違いから起きる相続問題を先送りせずに、親が存命中に、全員が妥協できる着地点を話し合いで見つけ出し、親に遺言書を書いてもらうなど、有効な解決策に取り組めば、こういったトラブルは避けることができる可能性が高いように思います。

まとめ

- ☑ **家系を継ぐのは長男という意識は消えていない**
- ☑ **相続問題を先送りせず、妥協できる着地点を探す**
- ☑ **価値観の違いが原因の相続トラブルは避けられる**

1-4

原則として、遺産は法定相続人しか相続できない

相続が発生したらまずは法定相続人を正確に把握する

相続は人が亡くなった瞬間に発生し、遺産（相続財産）は自動的に相続する権利を持つ相続人の共有財産となります。法律的には、遺産を残した人のことを被相続人、遺産を相続する権利を持つ人を法定相続人といいます。

例外として、遺言書に記載があれば、法定相続人以外の人に遺産を**遺贈**することができます。

遺言によって、生前に財産の渡し方を決めておくことを遺贈といい、相続と区別している。税金の計算方法が変わるので、注意が必要

被相続人が亡くなった時点では、相続人全員を把握できない場合もあるでしょう。正確に、誰が法定相続人なのかを知るには、被相続人が生まれてから亡くなるまでの、すべての戸籍謄本で確認する必要があります。

戸籍は結婚、離婚、転居などによって本籍地を移転（転籍）していることが多々あります。そのため、被相続人が亡くなった時点の本籍地の戸籍謄本から遡って、生まれたときの戸籍謄本まで、すべてを取り寄せます。そうすれば、元配偶者との間の子どもや認知した子ども（婚外子）など、すべての法定相続人を把握することができます。

中途半端な確認で済ませると、相続の手続きが一段落した後に「私も相続人です」という人が出てくる可能性もありますので、手を抜くわけにはいきません。この作業にはかなりの手間と時間がかかりますので、遺産分割協議書作成の一環として、司法書士など専門家に依頼することをおすすめします。

法定相続人が相続できる順位は民法で定められており、これを相続順位といいます。上の相続順位の人がいる場合には、下の相続順位の人は相続人になれません。

■配偶者

配偶者は常に最優先で相続人になります。この配偶者とは戸籍上の配偶者で、内縁関係の人や元配偶者は含まれません。

■第1順位

法定相続人の第1順位は子ども（直系卑属）です。養子や元配偶者との間に生まれた子どもも含まれます。再婚相手の子どもは養子縁組した子のみ相続人になれます。被相続人が亡くなる前に子どもが亡くなっていて孫がいる場合は、孫やひ孫が第1順位の代襲相続人となります。

■第2順位

法定相続人の第2順位は父母（直系尊属）です。第1順位の子どもや孫、ひ孫がいなかった場合は、父母が法定相続人になります。第2順位の代襲相続人は認められていません。

■第3順位

法定相続人の第3順位は兄弟姉妹（傍系血族）です。被相続人に子ども、孫、

相続順位

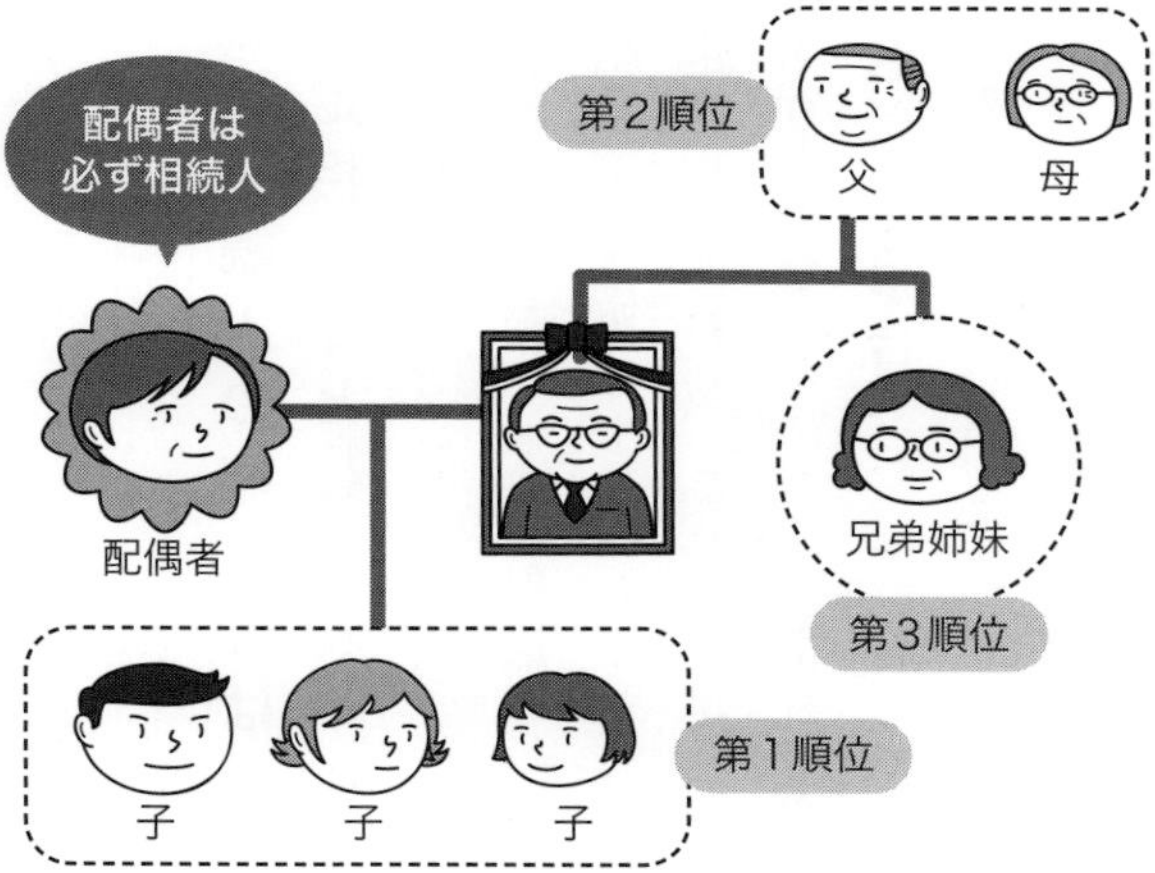
配偶者は
必ず相続人
第2順位
父
母
配偶者
兄弟姉妹
第3順位
子
子
子
第1順位

法定相続分

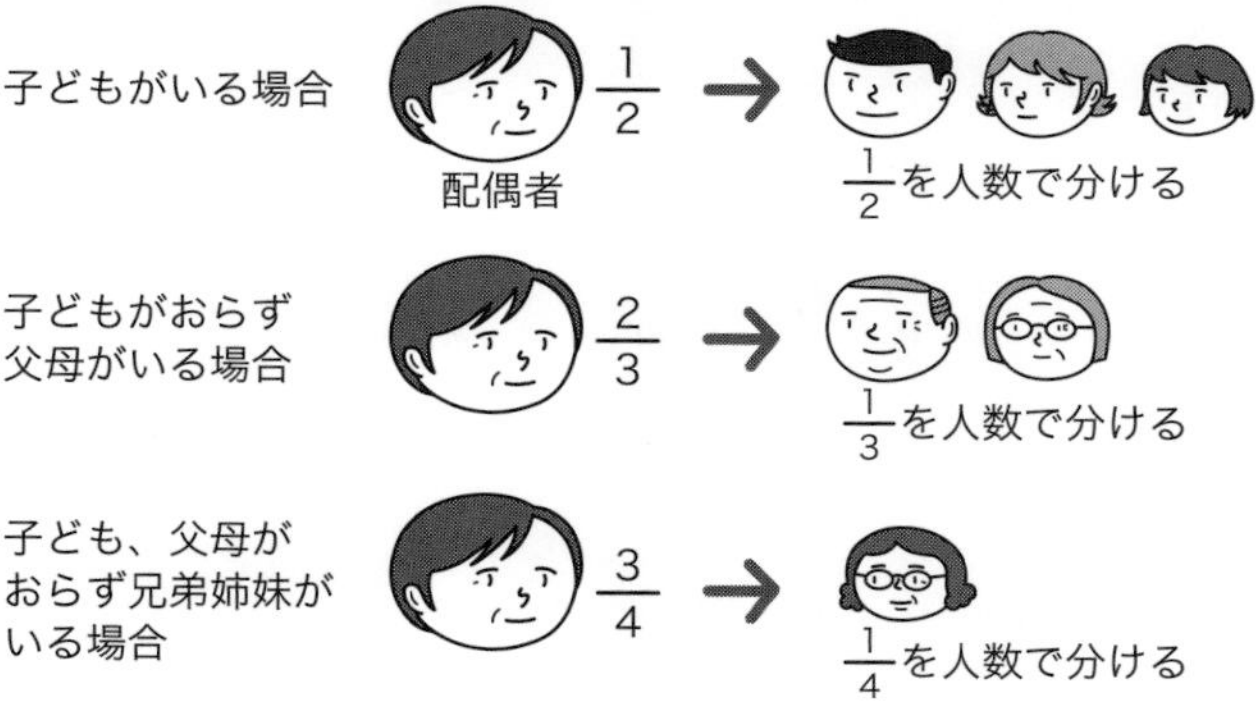
子どもがいる場合
1/2
配偶者
1/2を人数で分ける
子どもがおらず
父母がいる場合
2/3
1/3を人数で分ける
子ども、父母が
おらず兄弟姉妹が
いる場合
3/4
1/4を人数で分ける

父母がいなかった場合、第3順位の兄弟姉妹が相続人になります。このときすでに兄弟姉妹が亡くなっていれば、その子どもである甥や姪が代襲相続人となります。

法定相続人の取り分は法定相続分として決められている

法定相続人には被相続人の財産を相続する権利があります。しかし、全員が均等に相続できるわけではありません。民法では、法定相続人それぞれの相続割合が定められており、これを法定相続分といいます。配偶者がいることを前提に、ありがちなケースで法定相続分を解説しましょう。

■子どもがいる場合

被相続人に子どもがいる場合の法定相続分は、配偶者が2分の1、子どもが2分の1になります。子どもが複数いる場合は、この2分の1を人数で分けることになります。たとえば子どもが2人いれば1人4分の1、3人いれば1人

6分の1ずつになります。

■子どもがおらず父母がいる場合

被相続人に子どもがおらず父母がいる場合の法定相続分は、配偶者が3分の2、父母が3分の1になります。父母の両方が存命中だった場合は、1人6分の1ずつになります。

■子ども、父母がおらず、兄弟姉妹がいる場合

子どもがおらず、父母も亡くなっている場合の法定相続分は、配偶者が4分の3で、残りの4分の1を兄弟姉妹の人数で分けることになります。

被相続人に配偶者がいなかった場合は、相続順位の高い人がすべてを相続できることになります。たとえば被相続人が未婚者で第1順位の子どもがおらず第2順位の父母が両方とも存命していた場合は、それぞれが2分の1ずつ相続できます。この際、兄弟姉妹がいたとしても第3順位なので、相続人にはなれません。

法定相続分について気をつけなければいけないのは、あくまでも民法で定め

られた遺産配分の目安であり、遺言がある場合には実際に相続できる取り分を保証するものではないということです。

まとめ

- ☑原則、遺産は法定相続人のみが相続できる
- ☑法定相続人を正確に把握することが重要
- ☑法定相続分は遺産配分の目安

COLUMN 1

空き家は取り壊したほうが売却しやすい？

「相続した空き家は取り壊したほうが売却しやすいでしょうか」という、ご質問をよくいただきます。築年数や立地などによるので一概にはいえませんが、1981年5月31日以前に建てられた、いわゆる旧耐震基準の家は解体することで「空き家の3000万円特別控除」の対象となるうえに、買い手がつかない可能性も高いので取り壊したほうがいいケースがほとんどだと思います。

また、都会の高級住宅地では、「家は自分の好きなものを新築する」といった希望が多く、古い家は好まれないので解体したほうが売りやすいといえます。逆に地方の地価が安い地域では、多少古い家でも「総額を抑えて、住まいを確保したい」という一定のニーズがあるため、土地としても戸建てとしても検討できるように、解体しないで売りに出したほうがいいケースがあります。

空き家を解体して更地にしてしまうと、固定資産税は最大6倍になります。もし、建物を取り壊すなら買い手が見つかってからにしましょう。ただし、全国の自治体は、「倒壊等著しく保安上危険な状態」の空き家を特定空き家等に指定し、指導、勧告、代執行の対象としています。メンテナンスできないような古家は解体するべきでしょう。

1-5

遺言書は相続トラブル回避の最高の切り札

遺言書には相続の希望を自由に書くことができる

相続トラブルを回避する方法は、これから本書で解説するようにいくつもあります。そのうち、もっとも有効なものが、被相続人が生前に書き残す遺言書です。

作成のルールに従って正しく書かれた遺言書は、被相続人の「同居をしている長女には家と土地を、独立している長男には預金を相続させる」といった具体的な希望を相続人全員へ確実に伝えられるばかりではなく、その記載内容には法的な拘束力があります。

ただ、留意しておかなければいけないのは、42ページ以下で詳しくお話しますが、第2順位までの法定相続人（30ページ参照）には最低でも法定相続分の半分を相続する権利があります。その権利を**遺留分**といい、権利を侵害する内容の遺言には従う必要がありません。

遺言を書くうえでいちばん大切なのは、「相続人全員の気持ちを慮《おもんぱか》ること」です。たとえば、子どもが3人いるのに、遺言書に「財産はすべて長男に譲る」などと書けば、自分の死後にトラブルになることは容易に想像がつきます。被相続人の希望を活かしつつ、相続人全員が納得してくれるような内容で遺言を書くことが、相続トラブルを回避するうえで最も重要です。

法定相続分は相続順位（30ページ参照）の第3順位まで認められているが、遺留分の請求権は第2順位までしか認められていない

遺言書には、自筆証書遺言と公正証書遺言の2種類がある

一般的な遺言書には、大きく分けて**自筆証書遺言と公正証書遺言の2種類が**あります。自筆証書遺言と公正証書遺言の効力に違いはありません。

■自筆証書遺言

遺言の内容を自分自身で書く遺言書です。以前はすべての項目を直筆で書かなければなりませんでしたが、２０１９年1月から財産目録の部分は代筆やパソコンでの作成、または預金通帳や不動産の登記事項証明書のコピーでも認められるようになりました。

自筆証書遺言の最大のメリットは、被相続人が1人でかんたんに作成できることです。紙に、遺言の内容、付言事項、日付、住所、氏名を書いて、押印。財産の存在を証明する財産目録を添付して、封筒に入れて封をすれば完成です。法務局の保管制度を利用して預かってもらうと、紛失や偽造される心配もありません。

ほかに公証役場に自筆の遺言書を持参して作成してもらう秘密証書遺言もありますが、実例が少ないため、ここでは省略しています

遺言書の書き方の例

遺　言　書

1　私は，私の所有する別紙目録記載の不動産を，妻遺言花子（昭和○○年××月△△日生）に相続させる。

2　私は，私の有する別紙目録記載の預貯金等及び有価証券等を，前記遺言花子に相続させる。

3　私は，上記１及び２の財産以外の不動産，預貯金，有価証券，現金，権利，その他一切の財産を，全て前記遺言花子に相続させる。

4　私は，本遺言の遺言執行者として前記遺言花子を指定する。

令和３年１０月１５日

東京都○○区○○１丁目１－１

遺言者　遺言　太郎　㊞

自筆証書遺言は、開封する際に**家庭裁判所の検認手続き**が必要です。封をしたままの遺言書を家庭裁判所に持ち込み、複数の相続人の立ち会いのもとで開封します。検認は、勝手に開封して内容が気に入らないからと破棄したり、偽造したりすることを防止する手続きで、検認をしないで開封すると5万円の過料という罰則規定もあります。

■公正証書遺言

全国各地にある公証役場で、法務大臣が任命する公証人が作成する遺言書です。具体的には友人や弁護士など相続とは無関係の立会人（証人）２人と公証役場へ行き、被相続人が遺言内容を話して公証人が記述します。

公正証書遺言のメリットとしては、遺言書のプロである公証人が作成するので、書き方を間違えて無効になることがまずありません。また、公証人のアドバイスを受けながら作成することで、のちのち相続人から不平不満が出にくい遺言書にすることができます。デメリットは、立会人を探すなどの手間や公正証書手数料などの費用がかかることです。費用は財産額によって変動しますが、目安として５０００万円前後なら10万円程度です。

法務局の自筆証書遺言の保管制度を利用すると、家庭裁判所の検認手続きは不要になるしかし、公正証書遺言書であっても絶対に無効にならないとは言い切れません。裁判で「遺言者は遺言書を作成した時点で重度の認知症と診断されていた」ということなどが証明されて、遺言書が無効になった事例がいくつもあるからです。

これは自筆証書遺言であっても起こり得ることなので、どちらを選択するにしても、作成後はできる限り早めに病院へ行き、「意思能力に問題はない」という診断書を受け取っておくと安心です。

まとめ

- **遺言を書くことで希望どおりの相続が可能になる**
- **トラブルを回避するためには、遺留分を侵害しない**
- **自筆証書遺言と公正証書遺言の2種類がある**

1-6

法定相続分と遺留分に足をすくわれないように注意

遺留分を行使できる法定相続人は、配偶者・子どもと孫・親だけ

法的に有効な遺言書があれば、被相続人は法定相続分とは違う割合でも、法定相続人以外にも、自分の遺産を自由に遺贈することができます。また同時に、法定相続人には最低限、法定相続分の半分を遺留分として受け取る権利があるので、遺言が遺留分を侵害しているときは遺留分侵害額の請求ができることもお話しました。

遺留分の行使は、配偶者と法定相続第1順位の子どもと孫、第2順位の親にだけ認められた権利です。では、こういったケースはどうでしょうか。

子どものいない夫婦の夫が亡くなったとします。夫の両親もすでに他界していますので、妻は当然、夫の遺産のすべてが自分のものになると考えました。ところが、夫には妹がいました。夫の死後、妻は義理の妹から、「私にも兄の遺産を相続する権利があるので、4分の1をちょうだい」と要求されました。

結論からいいますと、妻は、この義理の妹の要求を拒否できません。なぜなら、夫の兄弟姉妹である妹に遺留分はありませんが、第3順位の法定相続人なので、4分の1の法定相続分が民法で認められているからです。

どうすれば、妻が財産をすべて相続できたのでしょうか。それは、被相続人である夫が遺言書に、「すべての財産を妻に相続させる」と書けばいいのです。第3順位の妹には遺留分の行使が認められていないので、遺言の内容を実現できます。

遺留分侵害額の請求には行使できる期限がある

では、相続人の立場からは、遺言書と遺留分をどう考えればよいのでしょうか。まず、考えるべきなのは、自分の相続順位です。前のページでお話したように、遺留分の請求は第2順位までの相続人しかできません。被相続人の兄弟姉妹や甥、姪であれば、遺言による遺産の取り分がゼロであったとしても文句はいえません。

一方、第2順位までの相続人であれば、遺留分を侵害する贈与や遺贈があったことを知った日から1年間以内は、遺留分侵害額の請求ができます。贈与や遺贈を受けた人に対して、遺留分侵害額の請求をすると書いた内容証明郵便などを送り、話し合います。当事者間で話し合いがつかない場合には、家庭裁判所の調停手続を利用することになります。

亡くなったことを知らなかったとしても、相続開始から10年が過ぎてしまうと請求することはできなくなります。

いずれにせよ、遺留分と法定相続分の関係や意味は少しややこしいので、思わぬ相続トラブルや遺留分の侵害に足をすくわれることがないよう、きちんと理解しておきましょう。わからないことがあれば、弁護士や司法書士など専門家へ相談してみてください。

まとめ

- ☑ 遺留分侵害額の請求は、配偶者・子どもと孫・親だけ
- ☑ 遺留分侵害額の請求権には行使できる期限がある
- ☑ トラブルを避けるうえで遺留分の理解が欠かせない

1-7

将来的なトラブルを避けるために必ず書面で遺産分割協議書を作っておく

法定相続人の全員参加、全員同意が遺産分割協議成立の必要条件

遺言書がなかったり、法的に無効である場合には遺産分割協議を開いて遺産をわけることができるのは、すでにお話したとおりです。

また、たとえ遺言書が法的に有効で、誰の遺留分も侵害していなくても遺産分割協議を開けば、遺言書の内容に従わず、自分たちの意思に沿った内容で遺産を分けることも可能になります。

いずれの場合も、法定相続人が全員参加することと、分割の内容に全員が同意することが必要です。

法律上は、遺産分割協議は口頭でも成立するとされていますが、必ず書面で遺産分割協議書を作っておかないと、のちのちのトラブルの原因となります。時間が経ってから、「そんな約束はしていない」といわれてしまっても、それに反証することが非常に難しいからです。そういう事態を避けるためにも、必ず、相続人全員が署名し、実印で押印した遺産分割協議書を作成します。

遺産分割協議が不調の場合は家庭裁判所の調停を利用する

遺産分割協議で話し合いがまとまらず、どうしても決着がつかない場合は、家庭裁判所での遺産分割調停に進むことになります。裁判官の他に弁護士などの調停委員が間に入り、話し合いを進めてくれます。話し合いで決着できれば、調停成立となりますが、不調の場合はさらに遺産分割審判に移行することにな

遺産分割協議書 記載例

遺産分割協議書

被相続人　遺産花子（令和３年５月１５日死亡）
最後の本籍　東京都○○区△△３丁目１０００番地
最後の住所　東京都○○区△△３丁目５番１号

上記被相続人の死亡により開始した相続の共同相続人である遺産太郎、遺産次郎はその相続財産につき、次のとおり遺産分割の協議をした。

（一）相続人　遺産太郎　は以下の財産を取得する。

所　在　○○区△△３丁目
地　番　１０００番５
地　目　宅地
地　積　１００．００㎡

所　在　○○区△△３丁目１０００番地５
家屋番号　１０００番５の２
種　類　居宅
構　造　木造スレート葺２階建
床面積　1階　７０．００㎡
　　　　2階　６０．００㎡　此の持分２分の１

（二）以下の財産については、相続人遺産太郎と相続人遺産次郎がそれぞれ２分の１ずつ取得する。

○○○○銀行　通常貯金　記号番号×××××－××××××××
○○銀行△△支店　普通預金　口座番号×××××××

（三）今後、被相続人の財産又は債務が新たに発見された場合には、相続人遺産太郎と相続人遺産次郎とがこれをすべて２分の１ずつ取得し又は負担する。

上記のとおり相続人全員による遺産分割の協議が成立したので、これを証するため本書を作成し、以下に各自署名押印する。

令和３年１０月１５日

住　所　東京都○○区△△３丁目５番１号
氏　名　遺産　太郎　㊞

住　所　北海道○○市△△１丁目２番３号
氏　名　遺産　次郎　㊞

ります。

遺産分割協議、調停、審判にかかる時間がそれぞれ半年としても、合計で1年半。現実の相続争いでは、2～3年もの時間が費やされる例も少なくありません。トラブルを避けるため、生前の話し合いや遺言を書くことの重要性がおわかりいただけると思います。

まとめ

- ☑ 遺産分割協議書がないとトラブルが発生しやすい
- ☑ 遺産分割協議成立には全員参加、全員同意が必要
- ☑ 遺産分割協議が不調なら、調停・審判に進む

1-8

相続税の申告・納付期限は相続開始後10か月以内で、現金払いに注意

相続税の算出にはすべての相続財産を把握することが必要

相続税を算出するためには、課税対象となる財産をすべて把握する必要があります。

①遺産総額を算出する

被相続人が所有していた預金・株・不動産などの財産だけでなく、被相続人が亡くなったことで相続人が受け取ることになる保険金や退職金といった「み

なし相続財産」も含めてすべての財産を合計します。相続開始前3年以内の贈与も相続財産とみなされ、相続税の課税対象となります。

②遺産総額から基礎控除額を差し引いて、課税遺産総額を算出する

相続税には基礎控除額があります。基礎控除額は、〈3000万円＋600万円×法定相続人の数〉という計算式から求めます。

③相続税総額を算出する

各相続人ごとの法定相続分の取得額に、取得額に応じて定められた相続税率を掛けて、控除分を差し引いて合計すると、相続税総額が算出できます。計算例では、基礎控除額を差し引いた課税遺産総額が4000万円と仮定。配偶者の法定相続分の2000万円に税率15％を掛けて、控除額50万円を引くと250万円。子ども2人（20歳と15歳）のそれぞれの法定相続分の1000万円に税率10％を掛け、控除額0円を引くと100万円ずつ。これらを合計して相続税の総額、450万円を算出しています。

相続税の総額を求めたら、実際の相続割合を掛けて、各相続人の納税額を算出します。ここで忘れてはいけないのが、相続人それぞれの立場や相続財産

相続税率と控除額

取得額	税率	控除額
1,000万円以下	10%	なし
3,000万円以下	15%	50万円
5,000万円以下	20%	200万円
1億円以下	30%	700万円
2億円以下	40%	1,700万円
3億円以下	45%	2,700万円
6億円以下	50%	4,200万円
6億円超	55%	7,200万円

課税遺産総額が4,000万円の場合の相続税計算例

	配偶者	子（20歳）	子（15歳）
法定相続分	2,000万円	1,000万円	1,000万円
相続税率	15%	10%	10%
控除前税額	300万円	100万円	100万円
控除額	50万円	なし	なし
相続税総額	250万円＋100万円＋100万円＝450万円		

の状況などに応じて、以下のような特例や控除があるということです。計算例では、配偶者税額軽減の特例と未成年者控除を適用しました。

■配偶者税額軽減の特例

配偶者が相続・遺贈により取得した財産の金額が「1億6000万円以下」か「法定相続分」までであれば、いずれかの大きい金額が無税になります。

■小規模宅地等の特例

被相続人が相続開始まで居住していたり、事業を行ったりしていた土地を相続する場合、一定の条件を満たせば限度面積内の土地の相続税が最大80％軽減されます。

■未成年者控除・障がい者控除

法定相続人の中に未成年者（2022年4月1日からは満18歳）がいる、85歳未満の障がい者がいる場合、相続税額から一定額を控除できます。

・未成年者控除　：（20歳 ― 相続したときの年齢）×10万円
・一般障がい者控除　：（85歳 ― 相続したときの年齢）×10万円
・特別障がい者控除　：（85歳 ― 相続したときの年齢）×20万円

相続税総額450万円を法定相続分のとおりに相続する場合の特例と控除適用後の計算例

配偶者の相続税額：相続税総額 450万円 × 相続割合 50% ＝ 相続税額 225万円

子ども1人あたりの相続税額：相続税総額 450万円 × 相続割合 25% ＝ 相続税額 112万5,000円

	配偶者	子（20歳）	子（15歳）
控除前相続税額	225万円	112万5,000円	112万5,000円
配偶者税額軽減の特例	「1億6,000万円以下」か「法定相続分」までのいずれか大きい金額まで無税		
未成年者控除	（20歳※−年齢）× 10万円 ＝ △50万円		
納税額	0円	112万5,000円	62万5,000円

※2022年4月1日以降は18歳

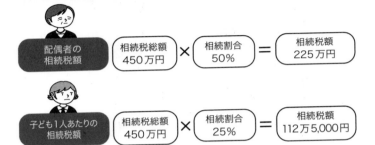

■生前贈与加算

相続または遺贈により財産を取得した人が被相続人から相続開始前3年以内に財産の贈与を**暦年贈与**で受けていた場合、その財産の価額を課税遺産総額に加算して相続税を計算することになります。

ここで紹介した算出方法は、相続税を概算するためのもので、配偶者税額軽減の特例などは2次相続までを考慮して適用しないと、余計な相続税を支払うことになりかねません。税理士など専門家に相談されることをおすすめします。

まとめ

- ☑相続税の申告・納付期限は相続開始後10か月以内
- ☑相続税の算出には相続財産全体の把握が必要
- ☑相続税の特例や控除を活用して相続税を節税する

暦年贈与とは、毎年1月1日から12月31日までの1年間の贈与額が110万円以下の場合、贈与税がかからないという仕組み

COLUMN 2

田舎の土地を相続したら、売れる？ 所有権を放棄できる？

田舎の実家の土地を相続することになったら、困ってしまう人が多いと思います。

特に市街化調整区域にある畑などの農地は、住宅の建築に制限のあることが多く、買い手も限られるので、売却することが困難なケースがあります。

所有権を放棄しようにも、放棄するには、ほかの財産もすべて諦めて、相続発生から3か月以内に相続放棄する必要があります。このように田舎の土地の相続に関しては、八方塞がりの状況です。

2021年4月28日に「相続等により取得した土地所有権の国庫帰属に関する法律」が公布され、相続または遺贈により土地を取得した所有者は、2023年4月以降、その土地を国へ返すことができるようになりました。ただし、その要件は非常に厳しく、「建物がある土地」「担保権が設定されている土地」「通路としての土地」「土壌汚染されている土地」「境界が明らかでない土地」などは、その対象となりません。また、管理に要する10年分の費用も納付する必要があります。申請のハードルが高く、所有者不明土地の増加抑制の根本的な解決にはつながらないとの意見もあります。

1-9

生前の貢献に応えるには寄与分や特別受益の持ち戻し免除を活用する

寄与分でももめないためには相続人に多めの相続を認める遺言書を残す

遺産分割協議では、「10年以上も父親の介護をしてきたのに、相続財産がほかの相続人と同じ割合なんて納得できない！」などと、被相続人に対する貢献を相続割合に反映させるかどうかがよく争われます。このようなトラブルを回避するには、被相続人が存命中に、介護してくれた人に多くを相続させる旨を書いた遺言書を残してもらうのがもっとも有効な対策です。

法定相続人は介護以外でも、被相続人の財産の維持または増加に特別な貢献をしたときには、より多く相続することを主張できます。その貢献の度合いを金額に換算したものを、民法では「寄与分」といいます。

たとえば、被相続人に対して、「行う事業を手伝った」、「介護した」、「生活の援助をした」ことなどがこれにあたります。しかし、事業を手伝っていても、給与を受け取っていたり、親への仕送りや身の回りの世話など、通常期待される程度を超えない貢献については、寄与分は認められません。

寄与分は貢献の度合いと期間を考慮した金額になりますが、遺言がない場合は遺産分割協議で話し合って決めることになります。しかし、相続人同士では争いになることが多く、決着がつかない場合は、家庭裁判所の調停か審判で解決を図ることになります。

「特別受益の持ち戻し免除」を活用する

介護を行っていた相続人が、生前の被相続人から不動産をもらっていたり、

寄与分と相続金額の算出方法

遺産総額は6,000万円。相続人は長男、長女、次男の3人で、長男の寄与分を1,500万円とした場合の計算例です。まず、遺産から寄与分を差し引き、みなし相続財産額を出します。

遺産総額 6,000万円 − 長男の寄与分 1,500万円 ＝ みなし相続財産額 4,500万円

↓

みなし相続財産額を相続人数で分け、各人の相続金額を出します。

みなし相続財産額 4,500万円 ÷ 3人 ＝ 各人の相続金額 1,500万円

↓

長男の寄与分1,500万円を加算します。

各人の相続金額 1,500万円 ＋ 寄与分 1,500万円 ＝ 長男の相続金額 3,000万円

↓

以上の結果、
長男の相続金額は3,000万円、
長女と次男の相続金額はそれぞれ1,500万円となります。

お金を援助してもらっていたりする場合があります。このような贈与を「特別受益」といいます。特別受益がある場合は、法定相続人の間で公平を図るため、その贈与された財産を相続財産に戻して平等に相続することになっており、これを、「特別受益の持ち戻し」といいます。

しかし、この持ち戻しをしなくても済む方法があります。それは「特別受益の持ち戻し免除の意思表示」というものです。これは被相続人が遺言や生前に「特別受益の持ち戻しをしない」という意思表示をすれば、相続の際に特別受益を無視して遺産分割することができるというものです。

持ち戻しの免除の意思表示に決まった方法はなく、口頭だけでも制度上は問題ありませんが、「言った・言わない」の争いになりがちです。必ず、贈与契約書や遺言書などの書面で意思表示しておく必要があります。

たとえば、「遺言者は、○○○○（昭和xx年xx月xx日生）に対し令和x年x月xx日に金1000万円を贈与したが、当該贈与による特別受益の持ち戻しについては、免除する。よって、当該贈与金額は相続財産に加えないものとする」

と記載しておけば、他の相続人はそれに従わなければなりません。

「長年面倒を見てくれた○○には多く財産を残したい」「最期まで介護に尽くしてくれた○○に多く財産を残したい」。このような想いをトラブルの火種にしないためには、遺言書などによる生前対策が重要になります。

まとめ

- ☑ 寄与分や特別受益の持ち戻し免除を活用する
- ☑ 寄与分でもめないためには遺言書を残す
- ☑ 特別受益の持ち戻し免除は必ず書面で意思表示

1-10

知識不足からトラブルが生まれやすい相続のケースと対策

子どものいない夫婦は、親や兄弟姉妹の遺留分と法定相続分を心に留めておく

人が亡くなって、相続が発生すると、相続が原因の様々なトラブルが起こること、また、それを避けるためにはどうすればよいのかをお話してきました。

ここでは、特に法定相続分の相続順位や遺留分などが絡んだトラブルが生まれやすいケースをご紹介します。

■子どものいない夫婦の相続

子どもがいない夫婦の一方が亡くなった場合、法定相続人には配偶者と第2順位の法定相続人である被相続人の親、親がすでに他界している場合は配偶者と第3順位の法定相続人である被相続人の兄弟姉妹がなります。法定相続分は親が3分の1、兄弟姉妹が4分の1です（33ページ参照）。

ところが、43ページでも触れましたが、知識不足によって、配偶者がすべてを相続できると思い込んでいる方たちが非常に多いのです。くり返しになりますが、このケースでは夫婦両方が元気なときに「すべての財産は配偶者へ渡す」という遺言書をお互いが書いておくべきなのです。

たとえ、相続発生時に親が遺留分を請求してきても、渡さなければいけないのは遺留分として法定相続分の半分の金額ですし、そもそも兄弟姉妹には遺留分を請求する権利はないので、遺言に従うしかありません。

■前妻がいる相続

亡くなった夫に前妻がいた場合、すでに戸籍上他人となっているので、相続上も無関係です。しかし、前妻との間に子どもがいる場合、その子どもは法定相続人となりますが、このケースは将来的にトラブルになりやすいので、要注意です。その理由は、「第1順位の法定相続人であり、遺留分が認められている」という点にあります。

Aさんと後妻のBさん、子どものCさん、そして、30年前に離婚した前妻との間の子どもであるDさんがいました。ある日Aさんが亡くなりました。遺産は家と土地の不動産が4000万円、預金が2000万円で、遺言に従って、不動産のすべてと預金の2分の1を後妻のBさん、そして預金の2分の1を結婚して家を出ていたCさんが取得しました。

1年後、音信不通だったDさんはAさんが亡くなったことを知り、遺産6000万円の8分の1にあたる750万円を遺留分として、**Bさんに625万円、Cさんに125万円**、請求してきたのです。びっくりしたBさんとCさんは弁護士に相談しましたが、Dさんの要求は正当なものなので、対抗する術はありません。預金から支払うと生活費が足りなくなってしまうBさんは、仕方なく、住み慣れた家を売りに出すことにしました。

このトラブルのそもそもの原因は、被相続人のAさんが前妻との間の子ども

民法上、遺留分権利者は、遺贈または贈与を受けた人が複数いるときは、受けた価額の割合に応じた遺留分侵害額の請求をすることになる

には遺留分が認められていることを理解していなかったことにあります。遺言でDさんに預金から遺留分にあたる金額を相続させると書いておけば、避けることができたのです。

遺言を書いておけば、法定相続人以外にも遺産を渡すことができる

■おひとりさま相続

配偶者も子どももなく、親も兄弟姉妹もいない人が亡くなった場合は、その財産は基本的に国、いわゆる国庫へ入ってしまいます。

それでも構わないなら問題ないのですが、もし渡したい相手がいれば遺言を書いておくことで、介護をしてくれた人や、支援したい研究機関などの団体にも遺贈という形で財産を渡すことができます。

昨今は、私の会社にもこのようなおひとりさま相続に関するご相談が多くなってきました。少子化がますます進展する現在、今後、さらにおひとりさま

相続は増加すると思います。「私もそうなるかも」と思う方は、満足できる最期を迎えるためにも、早めに遺言を書いておくことをおすすめします。

■内縁関係の相続

内縁関係の方には法律上、一切相続が発生しません。自分の資金で購入した家に内縁関係の人と一緒に住んでいたとします。その状態で自分が亡くなってしまった場合は、内縁関係の人には家や土地はもちろん、1円の財産も残すことはできません。

また、前妻の子どもや親、兄弟姉妹などの法定相続人に、「この家から出て行ってください」と要求されれば、内

縁関係の人は従わざるを得ません。

そのような事態を避けるため、遺言書に「財産すべてを〇〇〇（内縁関係の人の名前）に遺贈します」と書いておくことが有効な対策となります。前妻の子どもや親に遺留分を請求されてしまう可能性は残りますが、家を追い出されるなど、重大な問題を回避できる可能性が、ずっと高まります。

まとめ

- ☑ 法定相続分と遺留分の意味と違いを理解する
- ☑ 子どものいない夫婦はお互いに遺言を書いておく
- ☑ 遺言で法定相続人以外にも財産を渡すことができる

1-11

配偶者居住権によって、配偶者は亡くなるまで自宅に無償で住める

遺言に配偶者居住権を遺贈すると書けば、他の相続人は登記を拒めない

被相続人が亡くなって、配偶者である母親と子ども1人が、不動産3000万円、預貯金3000万円の遺産を法定相続分どおり、2分の1ずつ分けることになりました。母親は住む家を確保したいので、不動産を選びますが、早速、生活費に困ってしまいました。

そのようなトラブルを救済するために民法が改正され、2020年4月以降

に開始する相続では、「夫または妻が亡くなった場合、その配偶者が原則亡くなるまで引き続き無償で自宅に住み続けることができる権利」が認められるようになりました。これを「配偶者居住権」といいます。この権利の創設によって、配偶者と子どもなど他の相続人が、家の「居住権」と「所有権」をわけて持つことが可能になりました。

上記のケースでは、たとえば、母親が不動産の2000万円相当の配偶者居住権と預貯金1000万円、子どもが不動産の1000万円相当の負担付き所有権と預貯金2000万円をそれぞれ取得することができるようになっ

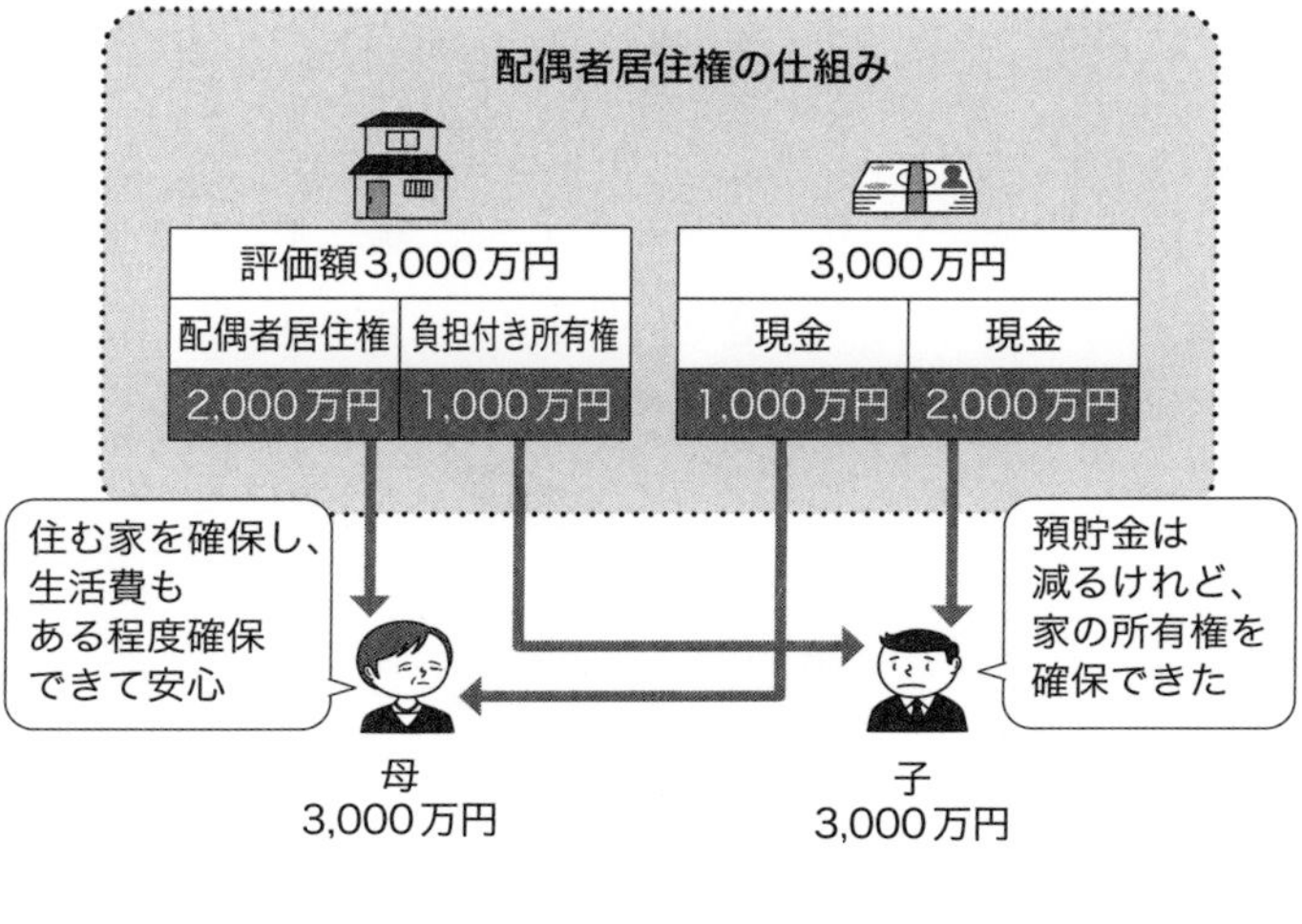

たのです。

配偶者居住権は登記しないと第三者に主張できません。また、登記は負担付き所有権者と共同で行わなければならないので、遺産分割協議で認められないと登記できず、権利を行使できない可能性があります。それを防ぐには、遺言に配偶者居住権を遺贈すると書いておけば、他の相続人は登記を拒否することができないので安心です。

配偶者居住権は死亡によって消滅するので、負担付き所有権は自動的にふつうの所有権に戻り、売却や建て替えも自由にできるようになります。一般的には亡くなるまでの権利ですが、期間を定めることもできます。老人ホームに入った時点で配偶者居住権を合意消滅させて、家を売却。ホームの費用にあてることも可能です。

ただし、配偶者居住権は住むだけの権利なので、負担付き所有権者に無断で家を売却したり、賃貸に出すことはできませんし、権利そのものを売ることもできません。

相続発生と同時に最低6か月間は配偶者短期居住権が認められる

配偶者居住権には、もうひとつ「配偶者短期居住権」と呼ばれるものがあります。こちらは、遺産分割協議がまとまらず、配偶者が住む家をなくすことのないように、家の帰属が決まるまで、または相続開始の時から6か月を経過する日のいずれか遅い日までの間、引き続き無償で自宅に住むことができる権利です。配偶者短期居住権は相続開始と同時にその権利が発生します。

まとめ

- ☑ **配偶者居住権で原則亡くなるまで自宅に無償で住める**
- ☑ **遺言で遺贈すれば、配偶者居住権の登記を拒めない**
- ☑ **配偶者居住権は相続開始と同時に権利が発生する**

1-12

相続時の生前贈与加算と贈与税の配偶者控除

相続税対策として有効な生前贈与には3年ルールがある

55ページで触れた暦年贈与という仕組みがあります。毎年1月1日から12月31日の間の合計贈与金額が贈与税の控除額である110万円以下ならば、贈与税を払わなくても済むので、将来的に高額な相続税を払わなくてはならないような方たちを中心に、有効な相続税対策としてよく行われています。

しかし、この暦年贈与は相続が始まると発生日から遡って丸3年以内の贈与はなかったものになり、相続額に加算して相続税の課税対象としなければなりません。これは、「生前贈与加算」と呼ばれ、相続税を回避することを目的に、相続開始直前に駆け込みで生前贈与をすることを防ぐ目的で規定されています。

では、すべての生前贈与に3年ルールが適用されて、相続額に加算しなければいけないかというとそうではありません。相続税の課税対象外の贈与には、以下のものがあります。

■住宅取得資金の贈与

親や祖父母などが、子どもや孫に居住用の住宅を取得するための資金を贈与した場合は、要件を満たしていて、住宅の種類によって設定された限度内であれば、非課税となります。

■教育資金の一括贈与

親や祖父母が30歳未満の子どもや孫に、教育資金を贈与するために信託銀行に預けた場合は、1500万円までが非課税となります。

■結婚・子育て資金の一括贈与

親や祖父母などが、子どもや孫に、結婚や子育てのための資金をまとめて贈与した場合は、1000万円までが非課税となります。

注意しなければいけないのは、教育資金の場合は学費には使えるが、留学の生活費には使えないなど、使い道の制限があること。また、教育資金と結婚・子育て資金、一部の住宅取得資金は、相続発生時に残っていると残高等が相続税の課税対象となるなど、その扱いが難しいので、税理士などの専門家に相談されることをおすすめします。

婚姻期間20年以上の配偶者には贈与税2000万円の控除が認められている

同じく、3年ルールが適用されない生前贈与で節税のメリットがあるのが、配偶者間の居住用不動産の贈与です。控除額2000万円と基礎控除額

110万円の合計、最大2110万円が控除できます。
婚姻期間が20年を過ぎた後に贈与が行われたこと。贈与されたのが国内の居住用不動産、または国内の居住用不動産を取得するための金銭であること。贈与を受けた者が実際に住んでおり、引き続き住む見込みであることなど、様々な要件はありますが、贈与した人が贈与した日から3年以内に亡くなったとしても生前贈与加算する必要はなく、相続税も非課税となります。

まとめ

- ☑ 3年以内の生前贈与には生前贈与加算が必要
- ☑ 相続税非課税の生前贈与もある
- ☑ 配偶者には贈与税2000万円の控除がある

COLUMN 3

借地権を相続する場合は地主との人間関係を大切に

借地権を相続した際には、いくつか気を付けなければいけないことがあります。まずは地代の滞納です。一定期間以上滞納すると借地権契約の解除を求められる可能性があります。特に相続したての頃は支払いを忘れがちなので注意する必要があります。

また、様々な場面で、地主の承諾を得ることと承諾料の支払いが必要なことも忘れてはいけません。たとえば、家の増改築、新築するときには承諾を得たうえで、承諾料として更地価格の3％程度を請求されます。借地権そのものを売却するときも地主の承諾が必要で、承諾料として売却価格の10％程度を請求されるのが一般的です。

承諾料などの交渉窓口は、多くの場合、地主と契約を結ぶ弁護士や不動産業者です。それゆえ、一般人が対等に交渉するのは難しい側面があります。借地権のスムーズな相続を実現するためには、被相続人が元気なうちに地主を紹介してもらい、直接話し合いができる円満な人間関係を構築しておくことが理想です。本来、借地人と地主は利益が相反する関係なので、日頃の気遣いを忘れないことで地主との関係もうまくいき、トラブルを未然に防ぐことができます。

CHAPTER 2

不動産の相続前に
やっておくべきこと
知っておくべきこと

2-1

認知症になる前に、できる相続対策を済ませておく

認知症の症状が進むと、遺言などの相続対策ができなくなる

近年の調査によると、60代後半になると認知症の有病率が約3%、80代になると20%を超えるといわれています。認知症と診断されて、**意思能力**がないと判断されれば、たとえ遺言書を書いておいたとしても無効となる可能性が高くなります。これからお話する、様々な相続対策も同様で、本人が認知症だとそれを実行することや契約すること自体が難しくなります。相続対策は、

意思能力とは自分の法律行為の結果を判断することができる能力。民法上、意思能力がなかったときは、その法律行為は無効とされる

認知症になってしまう前に済ませておく必要があるのです。

認知症が絡んだ不動産トラブルでよくあるのが、親が認知症になり、子どもは介護施設へ入所させたいのですが、その費用を親が住んでいる不動産を売って捻出しようとするようなケースです。

ところが、不動産の所有者が親なので、たとえ本人のためであっても、子どもたちが勝手に不動産を売却することはできません。「家族が代わりに手続きをする」、「本人に書類へ名前を書かせればよい」といった乱暴なことをいう方もいらっしゃいますが、そもそも認知症が進んで意思能力がなくなった人が結んだ契約は無効です。

こんなケースもあります。亡くなった父親は認知症ではありませんでしたが、残された母親がすでに認知症になっていました。遺言がなかったので、遺産分割協議を開かなければいけないのですが、母親が認知症で意思能力に疑いのある状態では遺産分割協議が成立しません。

どういう選択肢があるのか、相続前に知っておく

こうした事態を解決するためには、詳しくは後でお話ししますが、成年後見制度という仕組みを利用することになります。後見人が本人の財産を管理したり、各種の契約や手続きなどの法律行為を代行してくれます。不動産の売却や遺産分割協議、預金の引き出しなどができるようになりますが、家庭裁判所に申し立てをしてから実際に利用できるようになるまでには、かなりの時間がかかります。

認知症はいつ発症するのかは誰にもわかりません。被相続人の立場であっても、相続人の立場であっても、もし認知症になったら、どういう相続トラブルに巻き込まれる可能性があるのか、そのときにどのような選択肢があるのかを知っておくことが非常に大切です。

備えあれば、憂いなしです。家族が相続についてどういう希望を持っている

年齢階級別認知症有病率

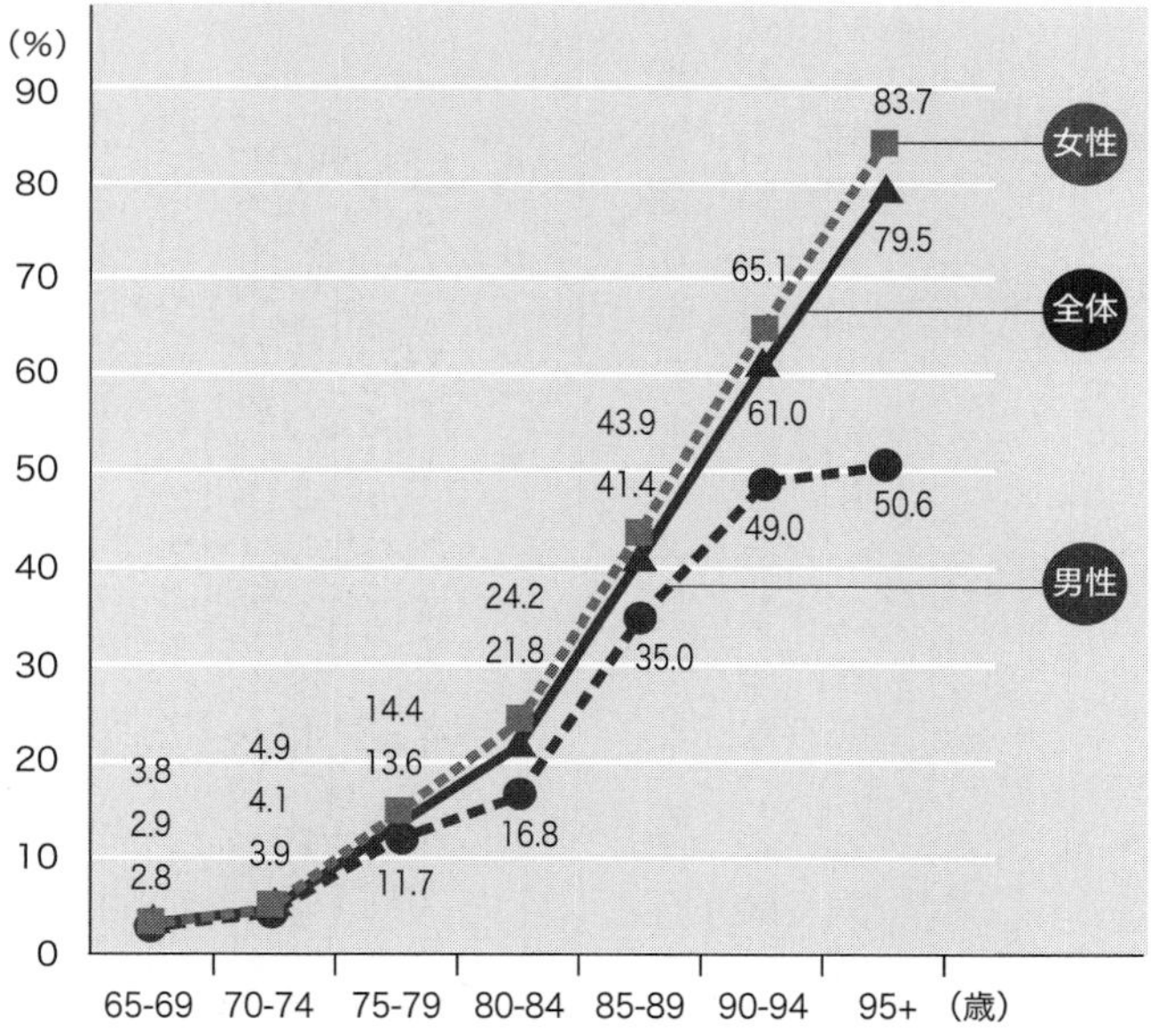

出典／厚生労働科学研究費補助金　認知症対策総合研究事業
「都市部における認知症有病率と認知症の生活機能障害への対応」
(2009～2012年)

のか話し合い、その希望を実現できるような遺言を用意し、できる相続対策をすべて済ませておきましょう。

もし、相続についての法律的なことがわからなければ、弁護士や司法書士。相続税についての不安があれば、税理士などの専門家に迷わず相談することをおすすめします。

まとめ

- ☑ 認知症が進むと、遺言など法律行為は無効になる
- ☑ どういう選択肢があるのか、相続前に知っておく
- ☑ 認知症になる前に、できる相続対策を済ませておく

2-2

認知症になったら法定後見制度が有効な選択肢

家族や親族を後見人候補者として家庭裁判所に申し立てすることもできる

認知症や精神障がいなどによって判断能力が低下すると、生活が不自由になるばかりではなく、特に不動産や預貯金などの財産管理や各種の契約手続きといったことを行うのが難しくなります。そのような判断能力が不十分な方を法律で保護し、支援するために作られた仕組みが成年後見制度です。

利用するための申し立て手続きが面倒だとか、後見人の横領事件がニュースになるなど一部イメージの悪さがあるのは否定できません。しかし、2016年には制度自体や運用面が改善されており、認知症のトラブル対策には、現状、この制度が最も有効な選択肢です。

成年後見制度には法定後見制度と任意後見制度の2つの制度がありますが、任意後見制度については後で詳しくお話しします。

法定後見制度は、本人または4親等内の親族などの申し立てによって、家庭裁判所が親族や司法書士、弁護士などの専門家のなかから後見人を選び、その後見人が本人の代理人として財産の管理や法律行為を行うという仕組みです。

本人の判断能力に応じて、85ページの表のように「後見」「保佐」「補助」にわかれています。3つのどれになるのか、また、後見人を誰にするのかは、申し立ての理由や、医師の診断書、本人との面談などから、家庭裁判所が検討したうえで決定します。成年後見人にだけ「同意権」がありませんが、これは後見相当とされる方（被後見人）には、そもそも同意が必要になるような判断や行為が不可能という前提があるからです。

専門家ばかりが後見人に選任されているように思われがちですが、最近の家

法的後見制度

	後見	保佐	補助
代理人の名称	成年後見人	保佐人	補助人
本人の判断力のパターン	重度の認知症を患っているなど、本人に判断する能力がない場合	判断能力が著しく不十分な場合	判断能力が不十分な場合
代理権の有無	あり	あり ※家庭裁判所が認めた行為限定	あり ※家庭裁判所が認めた行為限定
同意権の有無	なし	あり ※民法13条1項の行為に関して	あり ※民法13条1項の行為の一部に関して
取消権の有無	あり	あり ※民法13条1項の行為に関して	あり ※民法13条1項の行為の一部に関して

庭裁判所の傾向では、申し立て時に後見人候補者とされた親族は、問題がなければ後見人に選任されています。また、申し立ての手続きが面倒なら、司法書士などの専門家へ依頼することもできます。

法定後見制度は原則、終了することができない

法定後見制度を利用して、認知症の親を介護施設へ入所させるための費用を親の住んでいる家を売って捻出しようとするような場合の、不動産売却の具体的な流れは以下のようになります。

1　家庭裁判所で成年後見開始の申し立てをする。
2　成年後見人が選任される。
3　成年後見人が仲介業者と媒介契約を結んで、不動産を売りに出す。
4　居住用不動産の場合は売却について家庭裁判所の許可を受ける。

5 成年後見人が買主と売買契約を結ぶ。
6 成年後見人と買主、関係者らで決済・引き渡しを行う。

申し立ての準備から制度を利用できるようになるまで、急いでも2~3か月はかかります。その間は不動産の売り出しだけでなく、原則として預金の引き出しや介護サービスの契約なども行うことができません。

成年後見人には報酬が必要で、管理財産額が多くなるほど高くなります。東京家庭裁判所の目安によると基本報酬は月額2万円からとなり、管理財産額が5000万円を超えると月額5万円以上

となっています。親族でも報酬を支払うケースもあります。

また、成年後見人の義務は、あくまでも被後見人の財産を保全することなので、相続税を節税するために財産の一部を贈与するなどといったことはできません。**「後見等開始の審判の取り消し」**という制度はありますが、法定後見制度は一度開始すると、原則、終了できないという点にも注意が必要です。

つまり、法定後見制度の利用は最後の手段であって、くり返しになりますが、認知症になる前にできる限りの対策を済ませておくのが、賢い相続対策だということを覚えておきましょう。

まとめ

- ☑ **法定後見制度は効果的な認知症のトラブル対策**
- ☑ **法定後見制度は原則、終了することができない**
- ☑ **法定後見制度の利用は最後の手段**

被後見人の認知症などが回復し、後見が不要になったときに、後見からはずすように家庭裁判所に申し立てることができる制度

2-3

任意後見制度を利用すれば、本人の望む老後をより実現できる

任意後見制度なら資産運用や相続税対策も可能になる

任意後見制度とは、本人に十分な判断能力があるうちに、本人自身が任意後見人を選んで任意後見契約を結び、認知症などで判断能力が低下した場合、自分に代わってやってもらいたいことを決めておく仕組みです。判断能力が低下してからでなければ利用することのできない法定後見制度との大きな違いは、本人が望むような老後を実現できる可能性が高いという点です。

たとえば、「認知症になって自分で意思決定ができなくなったら、自宅を売却して〇〇〇の介護施設へ入所する」といった具体的な希望を叶えることができます。法定後見制度では居住用不動産の売却には家庭裁判所の許可が必要ですが、任意後見制度なら許可もいりません。

契約書に書いてさえあれば、任意後見人が本人に代わって資産運用することもできます。法定後見制度ではできなかった株式の売買や投資用マンション購入による相続税対策、あるいは子どもへの住宅取得資金の贈与、孫への教育資金の一括贈与なども可能になります。

任意後見制度を利用するには、本人と契約の受任者（任意後見人候補者）が公証役場に出向き、公証人に任意後見契約書を作成してもらう必要があります。病気などの事情があるときは、公証人に自宅や入院先へ出張してもらうこともできます。この契約の効力が発生するのは、家庭裁判所が任意後見監督人を選任し、同時に受任者が任意後見人として認められた時点からです。選任の申し立てができるのは本人のほか、受任者、配偶者、4親等内の親族です。

任意後見監督人とは、文字どおり任意後見人を監督する立場の人です。具体的には任意後見人が契約内容に従って仕事をしているか、財産管理を適切に行っているかなどをチェックし、不適任であると判断した場合は、解任の申し立てをすることもできます。任意後見監督人の候補者として親族を推薦することもできますが、一般的には司法書士などの専門家が選ばれることが多いようです。

任意後見監督人にも成年後見人と同様に家庭裁判所が決定する報酬が発生します。基本報酬は月額1万円程度からとなり、管理財産額が多くなるほど高くなります。

任意後見人の報酬は、あらかじめ任意後見契約のなかで決めておく必要があります。報酬がいらなければ、定めないこともできます。

任意後見制度には取消権がなく代理権も契約上の内容に限定される

任意後見制度は、法定後見制度よりも自由度が高いといえますが、注意しなければいけないこともあります。

1つめは、取消権がないことです。取消権とは、判断能力が低下した被後見人が必要のないものを購入してしまった。あるいは、言われるがままに連帯保証人になってしまった。というような場合に、その契約を取り消すことができる権限のことです。

法定後見制度は、被後見人が誤って契約を結んでしまっても、日用品の買い物など以外であれば、その契約や行為を取り消すことができます。でも、任意後見制度には取消権がないので、取り消すことができないのです。

2つめは、任意後見制度には契約書に記載した代理権しかないことです。任意後見人になったあとに、もし契約にない代理権が必要となったとしても、それを行使することはできないのです。ほぼ、すべての法律行為の代理権を行使できる法定後見制度との大きな違いです。

被後見人の認知症の症状が進み、取消権や任意後見契約にはない代理権を必要とするような状態になれば、任意後見を終了して、法定後見へと変更することもできます。

まとめ

- 任意後見制度で本人の望む老後を実現
- 任意後見制度なら資産運用や相続税対策も可能
- 任意後見制度は法定後見制度に変更できる

COLUMN 4

読めますか「名寄帳」？ 所有不動産を調べる便利な方法

相続が発生したときは、被相続人が所有するすべての不動産を把握する必要があります。被相続人が別荘や投資物件、山林など複数の不動産を所有している場合、役立つのが名寄帳《なよせちょう》です。名寄帳とは、各市区町村が地域内の不動産の所有者を管理するために作成している名簿のことです。これには所有者の氏名、住所、不動産の所在地、評価額、固定資産税の課税額などが記載されています。

名寄帳は、本人、相続人、代理人が閲覧または写しの交付を受けることができます。閲覧・交付を申請する際は、下記のような書類が必要になります。

被相続人が複数の市区町村で不動産を所有していた場合、それぞれの市区町村で名寄帳の利用申請手続きをしなければなりません。権利証や固定資産税の納税通知書などと併せて、相続不動産を確認しましょう。

本人の場合

- 運転免許証やマイナンバーカードなどの本人確認書類

相続人の場合

- 運転免許証やマイナンバーカードなどの本人確認書類
- 住民票の写しや戸籍謄本（自治体によって異なる）

代理人の場合

- 運転免許証やマイナンバーカードなどの本人確認書類
- 委任状

2-4

家族信託で、思いどおりに財産を承継する

相続トラブルを家族信託契約で回避できる

家族信託とは民事信託とも呼ばれ、信託契約によって財産の所有権を「利益を得る権利」と「管理運用する権利」に分けて、後者の名義を家族や親族の誰かに移して管理運用を任せ、そこから得られる利益を財産の所有者、または所有者が指定する誰かに渡す仕組みのことです。管理運用を任せる人を委託者、任せられる人を受託者、利益を得る人を受益者といいます。

似たような仕組みには商事信託があります。こちらは信託銀行など営利目的の組織が財産の運用や管理を担うので、委託には、それなりの費用がかかります。

家族信託は任意後見に比べて、財産管理や処分、承継の自由度が高いので、父親が高齢となり、「所有する賃貸アパートの経営や株の値動きをチェックして運用するのが負担になってきたので、息子に任せたい」といったようなケースでよく利用されています。また、家族信託契約に委託者が亡くなったときの財産の帰属先を書いておけば、そのとおりに財産が承継されます。相続時に遺言書がなくても遺産分割協議を開かずに済むので、相続トラブル対策としても大きなメリットがあります。

さらに、2次相続まで資産承継者を指定できることも大きな特徴です。遺言書では自分が死亡した後の1次相続までしか指定することができません。しかし、家族信託のなかの後継ぎ遺贈型受益者連続信託という仕組みを利用すれば、受益者が死亡した後の次の受益者も指定することができます。

たとえば「先祖代々の土地は絶対に手放してほしくない」というときは、受益者として長男とその子ども（孫）を指定することができるのです。受益者の承継に回数制限はありません。ただし、法律によって、信託されたときから30年経ったあとの受益権の承継は1度のみと定められています。

家族信託は設計や契約書作成のハードルが高い

このように魅力の多い家族信託ですが、デメリットも存在します。まず挙げられるのが、資産運用の計画も含めた信託の設計自体がとにかく難しいということです。信託の契約書は、委託者と受託者の2人だけでも作成は可能ですが、素人が作成すると契約の必須事項が抜けていたりするといったことも考えられます。

実際は、司法書士などの専門家に信託を設計してもらい、それを基に公証役場で公証人に契約書の作成を依頼するといったケースが多いようです。当然、費用もかなり高額になります。

また、家族信託の受託者には**身上監護権**がないので、委託者が認知症になったときに、不動産を売却して介護施設の入所費用にするといったことはできません。そういった場合に備えて、家族信託と任意後見制度を併用することもできるので、家族信託をお考えになる場合は、まずは司法書士などの専門家に相談されることをおすすめします。

まとめ

- ☑ 家族信託で、思いどおりに財産を承継
- ☑ 相続トラブルを家族信託で回避できる
- ☑ 家族信託の設計は専門家に依頼

被後見人の生活や療養、介護などに関する法律行為を行うこと。住居の確保、施設等への入退所の契約、入院の手続きなどが該当する

2-5

遺言の内容を実現するのは遺言執行者

第三者の専門家を遺言執行者に選任すると手続きがスムーズに進む

遺言書は相続トラブル回避の最高の切り札ですが、遺言書に書かれた内容を自動的に実現してくれるわけではありません。そこで、不動産の相続登記や預貯金の口座を解約して相続人に分配するなど、様々な手続きを担ってくれる遺言執行者がいたほうが便利です。

遺言者本人は、遺言書で遺言執行者を指定できます。相続人のうちの誰か、あるいは、司法書士などの専門家を選び、「遺言執行者として選任する」と書いておきます。遺言に遺言執行者の指定がなくても、利害関係人の誰かが家庭裁判所に申し立てれば、遺言執行者を選任してもらうことができます。

遺言執行はつぎのとおりやることが非常に多く、一般の方にはかなりの負担です。極力、専門家にお願いすることをおすすめします。

・就任承諾をした旨を相続人全員に通知
・戸籍等の証明書集め
・相続財産の調査
・財産目録の作成
・法務局に対する登記申請手続き
・各金融機関の相続手続き
・株式等の名義変更手続き
・各種財産の売却、換金
・遺言された内容で執行を要するものの執行

・相続人への送金
・相続人全員に執行完了の報告

遺言執行者には復任権が認められている

遺言執行者に選ばれた場合、遺言書の内容の実現に関しては、法務局や銀行などに遺言書を持参することで行うことができます。相続人のなかに認知症などで判断能力がない人がいた場合でも、遺言執行者はその人に代わって相続の各手続きをすることができます。

遺言執行の作業や手続きは非常に大変なので、遺言書には報酬についても書いてあるのが一般的です。書いてない場合でも、家庭裁判所に申し立てれば金額を定めてくれます。

いくら報酬が出るといっても、そもそも遺言執行者になるのが無理と思えるのなら、司法書士などへ任務を依頼することができます。これを遺言執行者の復任権といいます。辞任して、新たな執行者の選任を家庭裁判所に申し立てることもできます。

まとめ

- ☑ **遺言執行者がいると手続きがスムーズに進む**
- ☑ **遺言執行者が無理なら復任権を行使できる**

2-6

不動産の相続対策では必ず2次相続以降まで考える

次世代まで意思の統一ができるとは限らない

両親ともに亡くなって、子どもがその財産を相続したとします。これを、1次相続といいます。そして、この子どもが亡くなって、財産が孫に引き継がれることを2次相続といいます。不動産相続で将来に禍根を残さないためには、この2次相続以降を考え、対策を練っておくことがとても大切です。

ありがちな例としては、兄弟3人が家を相続し「いま長男が住んでいる」といった理由で、なんとなく、兄弟3人の共有名義にしてしまうようなケースです。この場合、1次相続の子どもの代までは相続人同士の絆が深いので、「お父さんの財産をみんなで守ろう」といった気持ちから、意思の統一も比較的容易です。

しかし、つぎの2次相続で孫の代になると、兄弟3人にそれぞれ3人の子どもがいたとすると、孫は合計9人になります。それ以降も相続人はネズミ算式に増えていき、元々は誰の財産だったかさえ知らずに、「ありがた迷惑」的な感覚で相続する人ばかりになってしまいます。

実際に私は、所有名義人が30人を超えるような不動産の売却のご依頼をいただくことがあります。そのような人数になってしまうと、意思の統一が非常に困難です。30人のなかで土地を売りたいという意見が大多数であっても、1人の反対意見のために売ることができないケースもありました。

1次相続の時点で、共有名義を避ける選択をする

世の中には、共有不動産の持ち分買い取りを専門とする不動産業者も存在しています。所有名義人がそこまで多くなくても、相続した共有不動産が原因のトラブルが長年続くと人間関係に嫌気がさし、他の所有者に断らず、勝手に自分の持ち分だけをそのような不動産業者へ売却してしまう方もいらっしゃいます。詳しくは184ページでお話しますが、そうなってしまうと、相手はプロの不動産業者であるため、ほかの所有者にあの手この手で不動産業者にとっての利益を追求した交渉を行ってきます。結果、全員が疲れ果て、最終的には

不動産業者に買いたたかれてしまいます。
2次相続以降のトラブルを未然に防ぐ最善の方法は、相続する不動産を共有名義にしないことです。相続した当初はそれが公平と思えるかもしれませんが、それは遺産分割の手間を先送りしているだけです。のちのちの親族間の亀裂や経済的損失を防ぐために、1次相続の時点で所有者を1人に絞る、または売却して現金を相続人同士でわける（176ページ参照）といった選択をおすすめします。

まとめ

- 不動産の相続対策では2次相続以降まで考える
- 次世代まで意思の統一ができるとは限らない
- 1次相続の時点で共有名義を避ける

COLUMN 5

相続登記の義務化と登記情報の新制度

２０２４年４月から「相続登記の義務化」が施行される予定になっています。不動産の登記名義人が亡くなったとき、土地や建物の相続を知り、かつ所有権を取得したと知った日から3年以内に相続登記をすることが義務づけられます。

その背景には、２０１１年３月に発生した東日本大震災からの復興問題があります。東北地方を中心とする広大な土地が壊滅的な被害を受け、国や自治体は再開発を行おうとしましたが、土地の登記情報が不完全だったために所有者がわからず、復興が遅れた地域が非常に多かったのです。

現在、所有者がわからない土地の面積は、日本の国土の約2割、九州とほぼ同じだといわれています。義務化の対象者は、制度の施行以降に相続をした人だけでなく、いま現在登記をしていない人も含まれます。

また、いままでは名寄帳（94ページ参照）で被相続人が所有する不動産を調べていましたが、名寄帳は市区町村ごとに管理しているため、別の市区町村のものは別途調査する手間がかかりました。２０２６年４月までにスタート予定の「所有不動産記録証明制度」では、1度の手続きで自分または被相続人の全国すべての不動産登記情報を一覧で確認できるようになります。

2-7

相続前に実家の不動産の価値を把握しておく

相続人の候補者全員が価値について共通認識を持つ

1章でもお話したように、多くのご家庭の相続財産の約65％が不動産で、残りの35％が金融資産です。また、預貯金などの金融資産はその価値が誰にでもわかるので、いざ相続になっても分けるのがかんたんですが、不動産ではそうはいかないこともお伝えしました。

複数の相続人で実家の不動産を相続する場合、トラブルを避けるためにも、相続前に、その価値についての共通認識を持っておくことが非常に大切です。なぜなら、不動産には定価のようなものはなく、評価額も複数あり、しかも、それが変動しているからです。土地の評価額は主なものでも、次の4つがあります。

①地価公示価格（標準地価格）

一般取り引きの指標となる評価額です。全国約2万6000地点の標準地に対して不動産鑑定士が毎年1月1日時点の価格を評価し、その結果を国土交通省が3月に公表しています。略して、公示地価とも呼ばれています。

似たような評価額として「基準地価格」というものもあります。調査地点約2万か所以上の毎年7月1日時点の価格を都道府県が公表していますが、地価公示価格を補完するものとして使われています。

②路線価（相続税評価額）

土地の相続税や贈与税の算出に用いられる評価額です。国税庁が毎年1月1日を基準日として7月に公表します。この評価額は、おおよそ地価公示価格の8割程度となっています。

③固定資産税評価額

固定資産税や不動産取得税などの算出に用いられる評価額です。目安としては地価公示価格の約7割で、3年に1回更新されます。

④実勢価格（取り引き価格）

実際に取り引きが成約した価格です。いわゆる相場です。スマートフォンやパソコンで情報サイトを利用すれば、かんたんに調べられます。

「レインズ・マーケット・インフォメーション」は国交大臣指定の不動産流通機構が運営しているサイトで、各地のマンションや戸建て住宅の物件情報と、直近1年の成約価格が閲覧できます。「土地総合情報システム」は国土交通省のサイトで、土地、土地と建物、中古マンションの取り引き情報を検索・閲覧できます。

実勢価格で、不動産の評価額を調べておく

４つの評価額で、いちばん重要なのは、実勢価格での評価額でしょう。３章で詳しくお話しますが、共有している不動産を分割する際に、評価額を高く見積もりたい方が実勢価格、評価額を低く見積もりたい方が路線価での評価を主張して、遺産分割協議がまとまらないというのは、実際、よくあるトラブルです。相続人全員が不動産の価値を実勢価格で認識していれば、不公平感から発生する、このようなトラブ

レインズ・マーケット・インフォメーション
www.contract.reins.or.jp/
国交大臣指定の不動産流通機構が運営。業界向けのレインズと違い、同機構が保有する情報を一般に公開している。各地のマンションや戸建て住宅の物件情報と、直近1年の成約価格が閲覧できる

土地総合情報システム
www.land.mlit.go.jp/webland/
国土交通省によるサイト。土地、土地と建物、中古マンションの取り引き情報が、地域や物件情報をもとに検索できる

ルは避けることができるように思います。

情報サイトでは、①近隣の地域、②マンション・戸建ての別、③築年数、④木造・鉄筋コンクリートなど構造の種別、⑤床面積など、条件が近い物件の成約価格や販売価格を調べます。一度ではなく、くり返し調べるうちに、どの程度が相場なのかがわかってきます。

まとめ

- ☑ 相続前に実家の不動産の価値をつかんでおく
- ☑ 実勢価格での評価額を調べておく
- ☑ 相続人全員が価値についての共通認識を持っておく

2-8

相続前に不動産の特徴をつかんでおく

所有する際に必要な費用をわかっておく

不動産の種類には、大まかに分けてマンション、一戸建て、土地、一棟物件（一棟マンション・アパート・ビル）があります。相続前に、その特徴と、固定資産税以外の所有する際にかかる費用を把握しておくことが重要です。

■マンション

分譲マンションなど、1棟の建物を複数の人で所有し、住居や事務所などとして利用する建物を「区分所有建物」といいます。独立して利用する部分を「専有部分」、廊下など共同で利用する部分を「共用部分」と呼びます。一般的に建物の専有部分の所有権だけが売却可能で、共用部分の持ち分を売却することはできません。

専有部分の修繕は自己負担ですが、共用部分の修繕等は管理組合で行います。そのため、毎月の管理費や修繕積立金などのランニングコストが発生します。

■一戸建て

一戸建てとは、独立した一棟の住宅（建物）です。これには都内一等地の豪邸、郊外の広々とした庭付き住宅、都心部の狭小住宅など様々な規模・形状があります。

一戸建ては、マンションのように管理規約による制限はなく、建築基準法と常識の範囲内であれば自由に利用することができます。ただし、建物の維持管理は所有者の判断によるため油断していると建物の劣化が進み、結果的に高額な修繕費が必要になることもあります。

■土地

通常は建物を建築することを目的として取り引きされる土地を指します。一見同じように思える土地ですが、実は23種類（田、畑、宅地、山林、原野など）もあり、これを**地目**と呼びます。地目は土地登記簿で確認することができます。

法律で市街化を図るべきとされる市街化区域内の場合、多くは宅地ですが、一部それ以外の地目の土地も存在し、農地法による地目変更の手続きなどが必要になるケースもあります。

土地に接している道路にも注意が必要です。建築基準法では、家を建てるためにはその敷地が幅員4m以上（地域によっては6m幅以上）の道路に2m以上接していなければならないと定められています。道路に接している部分が2m未満の場合は建築ができないため評価が大きく下がります。

■一棟物件（一棟マンション・アパート・ビル）

アパート・マンション・ビルの全室をすべて所有する形態です。投資や資

地目（ちもく）とは、土地の用途による区分のこと。登記簿の登記事項に記載されているが、必ずしも、実際の用途と同じとは限らない

産活用目的で所有されるケースが多く、大きい賃料収入が見込めます。駅前など商業圏の近くや、大学の近くなどは安定した入居による収益が期待できる一方で、立地や築年数により空室率が高くなることもあります。
退去があった際は、新規募集のためのクリーニング・広告費用などが発生します。運営・修繕コストを常に考慮する必要があり、規模が大きくなると火災保険料も高額になります。

まとめ

- ☑ 相続前に不動産の特徴を確認する
- ☑ 所有する際に必要な費用も確認しておく

2-9

相続前に売却したほうがよい不動産とは

判断が難しければ、複数の専門家へ相談する

「相続発生前と相続後の不動産売却は、どちらが有利なのか」とのご相談を、よくお客様からいただきます。

一般論としては、2016年の相続税制改正により「相続税の基礎控除額が大幅に下がった」、「相続税特例を活用できる」、「現金よりも不動産として所有していたほうが評価額が下がる」といった理由から相続発生後の売却が

有利なことが多いといえます。しかし、次のようなケースでは相続前に不動産売却をしたほうが有利になる場合があります。

■相場が上昇している不動産

不動産の価格は、不動産市況と物件の築年数により上下します。建物の価値は、新築後、入居した瞬間から年数が経過するにつれて下がっていきますが、土地は不動産市況により建物の減価分を大きく超える価値上昇が見込める場合があります。

とはいえ、一般の人が不動産市況を正確に読むのは難しく、最終的な売却益は各種税金の特例や所有期間による譲渡所得税率の違いなどが複雑に絡み合って確定します。そのため、信頼のおける不動産会社や税理士など、複数の専門家へ相談したうえで判断する必要があります。

■小規模宅地等の特例が使えない不動産

被相続人が保有していた自宅や事業用土地の評価を80％減額してもらえる「小規模宅地等の特例」については、複雑な要件があるため、いざ相続となったときに特例を受けられないというケースがあります。

しかし、被相続人が存命中に自宅を売却すれば、「3000万円の特別控除」が利用できます。これは売却で得た譲渡所得を3000万円まで控除できるという特例です。

また、相続後に売却しても、「空き家の譲渡所得の3000万円特別控除」が利用できる場合があります。「1981年5月31日以前に建築されている」、「区分所有建物登記がされていない」、「相続開始の直前において被相続人以外に居住をしていた人がいない」などの要件を満たした空き家を相続し、2023年12月31日までに耐震リフォームを施して売却するか、解体して更地で売却すれば、最大3000万円までの控除を受けることができます。

有利になるわけではありませんが、相続前に売却し現金化しておけば、無用なトラブルを回避することができるケースも考えられます。

■親が介護付き老人ホームへ入居

親が介護付き老人ホームへ入居したのち、実家を空き家として放置すると一気に老朽化が進み、不動産価値が大きく低下します。また、老人ホームは契約金や毎月の利用料が高額な場合が多く、別途、医療費も必要です。相続後に住む予定がないのであれば、相続前に実家を売却し、その費用にあてるのは合理的な選択だと思います。

■流通性が低い不動産

流通性が低く、売りにくい不動産は相続トラブルの元となります。被相続人が、長男に都心部のワンルームマンションと預貯金の半分、次男に田舎の使用していない別荘と預貯金の半分を遺贈したとします。不動産の評価額自体が同じだとしても、売りたくてもすぐには売れない不動産の相続には次男が不満を感じて、相続発生後のトラブ

ルに発展しやすいのです。こんなケースも相続前の売却をおすすめします。

相続前に不動産の売却を検討する場合、住み替えのコストや特例などの基本知識を押さえたうえで、知識豊富な不動産会社や税理士などの専門家に相談し、住んでいる人の思いも考慮しつつ、複数の案のうちから選択するようにしましょう。

まとめ

- ☑ 相続前に売却したほうがよい不動産がある
- ☑ 必ず、知識豊富な複数の専門家に相談する

COLUMN 6

相続人申告登記の創設

２０２４年４月までに相続登記が義務化されるということは１０７ページでお話しました。この義務化には、不動産の相続を知り、所有権の取得を知った日から３年以内に登記しないと、相続人全員に10万円以下の過料が科せられる場合があるという罰則規定もあります。

３年と聞くと余裕があるようですが、遺産分割協議が難航して家庭裁判所の審判にまで発展してしまったようなケースなど、期限内の登記が難しいことも起こり得ます。今回の法改正で、そのような場合の救済策として、「相続人である旨の申し出（相続人申告登記）」という制度が創設されました。

そもそも相続登記義務化のおもな目的は、土地の所有名義を明確にし、国や自治体が所有者の連絡先を把握することです。そこで、相続人のうちの1名が不動産所在地の法務局に対して相続人申告登記をすれば、一時的に登記義務を果たしたと見なすことにされたのです。

この制度によって、遺産分割協議が長期化する場合でも、３年以内に相続人申告登記をしておき、遺産分割協議が終了した時点で相続登記をすれば、過料が科せられるリスクを回避できるようになりました。

2-10

例外的に共有名義にメリットがある不動産とは

売却時に各相続人が3000万円特別控除を受けられる

トラブルが多いので基本的には避けたい共有名義ですが、例外的に共有名義にすることでメリットが得られるケースも存在します。

不動産を売却したときに、購入時の取得費や売却時の経費を差し引いても利益（譲渡所得）が出た場合は所得税がかかります。3000万円特別控除とは、この不動産の譲渡所得から3000万円を控除できる特例のことです。

たとえば、父親が亡くなり、母親と子ども1人が相続しましたが、家の相続登記を母親だけがした場合、将来の売却時には譲渡所得から3000万円しか控除できません。しかし、母親と子どもの2人の共有名義にしておけば、2人×3000万円＝6000万円の特別控除を受けることができます。

3000万円特別控除は、適用要件を満たす限り共有する相続人の数だけ受けられます。そのため、相続人が複数いて、売却時に多額の譲渡所得が発生してしまうケースでは非常に有利な特例です。相続した不動産の建物が比較的新しく、将来の売却時に「空き家の譲渡所得の3000万円特別控除」が適用できない場合に、大いに検討する価値があります。

地積規模の大きな宅地に判定されると、分筆するより共有名義が有利となることがある

被相続人の遺産に面積が広い土地があり、「地積規模の大きな宅地」に該当する場合、土地の評価額が大きく軽減されて相続税の節税効果が期待できる

ケースがあります。地積規模の大きな宅地とは、2018年から導入された土地の評価方法で、通常の土地より大きな土地について評価減ができるというものです。評価する宅地面積の条件は以下になります。

・三大都市圏では500㎡以上
・三大都市圏以外の地域では1000㎡以上

三大都市圏とは首都圏、近畿圏、中部圏のことで、対象となる都府県は法律で、以下のように定められています。

・首都圏：次の都県の一部（東京都、埼玉県、千葉県、神奈川県、茨城県）
・近畿圏：次の府県の一部（京都府、大阪府、兵庫県、奈良県）
・中部圏：愛知県の一部、三重県の一部

複数の相続人で広大な土地を相続する場合、共有名義を避けるために土地の

分筆を行って相続することで、「地積規模の大きな宅地」の条件を下回ってしまうことがあり得るので注意が必要です。なお、地積規模の大きな宅地の判定基準は複雑なため、必ず税理士などの専門家に相談しましょう。

基本的に不動産の共有は、トラブル回避のために行うべきではないと思います。しかし、相続した不動産をすぐに売却することが決まっている場合には、共有という形をとったうえで売却することでメリットを享受できる場合があります。相続登記する前に専門家に相談されることをおすすめします。

まとめ

- ☑ **不動産の共有名義にメリットがある場合がある**
- ☑ **不動産の譲渡所得には3000万円特別控除がある**
- ☑ **相続登記する前に専門家に相談する**

登記簿の土地の単位を筆（ひつ）と呼び、分筆（ぶんぴつ）は1筆の土地を複数にわけること。複数を1筆にするのは合筆（がっぴつ）という

2-11

元実家の空き家は売らずに貸したほうがよい？

賃貸に出すためには、リフォーム費用がかかる

「思い出のつまった実家だし、将来誰かが使うかもしれない」「どうせ住む人がいないなら家賃が入るし、貸してしまおう」といった理由で相続した一戸建てやマンションを賃貸に出すケースは珍しくありません。しかし、安易に賃貸に出してしまうと、そこには思わぬデメリットがあります。

相続した一戸建てやマンションが老朽化していると、賃貸に出すためのリ

フォーム費用がまず発生します。築年数の経過した一戸建てやマンションのリフォーム費用は高額になる傾向があります。だからといって、最低限の修繕さえすればいいのかというと、それでは入居者が決まりません。特に、立地があまりよくない物件の場合は、周辺の競合物件と差別化するためにお金をかけてリフォームするといったことになりがちです。

また、通常、貸し出しする建物の設備等が壊れた場合、貸主にその修繕を行う義務があります。雨漏りやキッチンやエアコンの故障などが起こると、そのたびに修繕費用がかかることになります。

賃貸に出してしまうと投資物件となり、評価額が大幅に下がる

また、入居希望者がいないので空き家状態で売ろうとすると、所有者が自分で住むための不動産と賃貸に出している不動産では、同じ不動産でも、その評価方法が大きく異なります。前者は通常の住宅として実勢価格で評価されます

が、後者は投資物件として賃料収入をベースとした**収益還元法**で評価されます。そのため、空室状態で売りに出すと評価額が大幅に下がってしまうのです。

そればかりではありません。一般的な賃貸借契約（普通借家契約）の場合、原則として貸主から一方的に更新を拒絶することはできません。普通借家契約は、貸主よりも借主のほうを保護する契約形態だからです。

また、普通借家契約では、貸主から借主を退去させることは原則としてできません。仮に退去のお願いをするとしても退去金として賃料の6か月～2年分を請求されることもあります。差し迫った売却の事情がある場合でも、「2年分払ってくれなければ出ていかない」と居座られてしまえば、応じるしか手はないのです。

このように、一戸建てやマンションを賃貸に出すと様々なデメリットが発生しがちなので、あまりおすすめはできません。ランニングコストの捻出など、どうしても賃貸に出す必要がある場合は、期限の定めのある定期賃貸借契約を検討しましょう。

収益性に着目した不動産価格の算出法。不動産が今後どれだけの収益を生み出すことができるのかを基に、不動産価格を算出する一方、相続した不動産が空室のワンルームマンションだった場合は、賃貸に出しても比較的問題はありません。なぜなら、ワンルームマンションを売却しようとする際の評価は、空室状態でも入居者がいる状態の賃料をベースに収益還元法で算出されるケースが多いからです。

また、一戸建てや通常のマンションに比べて面積が小さくなるため、いきなり高額な修繕費用を用意しなければいけない事態にはなりにくいのです。

まとめ

- ☑一戸建てを賃貸に出すと修繕費用がかかる
- ☑賃貸に出した一戸建ては評価が大幅に下がる
- ☑ワンルームマンションの賃貸は問題が少ない

2-12

相続不動産の譲渡所得には確定申告が必要

不動産の取得費の証拠は申告に備えて相続時に保管しておく

不動産を売却して利益が出た場合、その譲渡所得に対して所得税がかかります。他の所得とは別に計算し、年度末に確定申告をする必要があります。

5000万円で売却したからといって、その5000万円に対して課税されるわけではありません。課税されるのは譲渡価額（売却した価格）から、物件の取得費や売却にかかった費用、特別控除などを差し引いた課税譲渡所得に対してです。譲渡価額から差し引けるのは、次のような費用です。

■取得費

不動産を購入した際の代金や家の建築費（築年数に応じて減価償却費を差し引く）、土地の造成費や測量費用などの合計金額です。

■譲渡費用

不動産会社へ支払う仲介手数料、印紙代、建物の解体費用などです。

■空き家の譲渡所得の3000万円特別控除

2023年12月31日までに、被相続人が住んでいた家屋を相続した相続人が、家屋に耐震性のない場合は耐震リフォーム後の家屋、または取り壊し後の土地を譲渡した場合、譲渡所得から3000万円を特別控除できます。

取得費の算出方法はつぎの2つがありますが、どちらを選択してもいいことになっているので、金額が多くなる方法を選びます。

①実額法

被相続人が不動産を購入したときの契約書や領収書などを根拠として、実際に支払った取得費を算出します。相続時に書類を保管しておくべきですが、書類が見つからなかった場合は、申告時に購入先または仲介をした不動産会社へ問い合わせる、当時の預金通帳を確認する、といった方法も有効です。

②概算法

「譲渡価額×5％」を概算取得費とする方法です。不動産を購入したときの書類がなくて実際の取得費が示せない場合や実額取得費より概算取得費のほうが大きい場合に利用すればいいでしょう。

不動産の売却益が出たときに納税義務が生じるのは、所得税（復興特別所得税含む）と住民税です。その税率は、対象となる不動産をどれくらいの期間所有していたかで異なります。所有期間が5年以下であれば短期譲渡所得となり、税率は所得税と住民税を合わせて39・63％。5年を超えていれば長期譲渡所得となり、税率は所得税と住民税を合わせて20・315％です。

この所有期間は、被相続人と相続人の合計で構いません。被相続人が4年しか所有していなくても、相続人が2年所有したあとに売却すれば合計6年で長期譲渡所得と見なされます。
申告を間違えて損しないためにも、税務署の無料相談を利用したり、専門家である税理士に相談することをおすすめします。

まとめ

- 相続不動産の譲渡所得には確定申告が必要
- 不動産の取得費の証拠は相続時に保管しておく
- 確定申告は専門家である税理士に相談する

CHAPTER 3

不動産の相続時・相続後にやるべきこと

3-1

相続の手続きは先延ばしせず早めに済ませる

期限はないが先に行うべき手続きがある

相続は発生したとき、また発生した後にも多くの手続きが必要になります。手続きには、期限がないものとあるものがあります。期限内に手続きすべてを終えるためには、手続きを行う順番を間違えないことが大切です。

期限がない手続きには、以下のものがあります。

・遺言書の検認
・遺産分割協議
・相続登記

期限がある手続きを期限の短い順に挙げると

・相続放棄、限定承認（相続開始を知ったときから、３か月以内）
・**準確定申告**（同じく、４か月以内）
・相続税の申告、納付（同じく、10か月以内）
・遺留分侵害額の請求（同じく、１年以内。または、相続開始から10年以内）

があります。

すでにお話したように、相続が発生すると、遺言があれば遺言の内容に従って、遺言がなければ、またはあっても相続人全員が合意すれば、遺産分割協議を開いて、相続財産のわけ方を決めます。

遺言書が公正証書遺言か法務局に保管されていた自筆証書遺言でない場合は、家庭裁判所の検認手続きが必要なので、まずは検認手続きの申し立てを優先しましょう。この手続きだけでも、約1か月の時間がかかるからです。

自営業者などが亡くなったときは、相続人等が１月１日から亡くなった日までの所得金額と税額を計算し、確定申告をしなければならないこの後に詳しくお話しますが、相続放棄や限定承認の手続き期限は、相続開始を知ったときから3か月以内です。遺言の検認手続きの申し立てが遅れると、それだけ放棄するかしないのかを判断する時間的余裕がなくなります。

遺産分割協議を先延ばしすると相続税の申告期限に間に合わなくなる

遺産分割協議にも期限はありませんが、こちらも開催を先延ばしにすると、その後に続く作業や手続きに大きく影響します。

たとえば、相続した不動産を売却して相続税の支払いにあてるようなケースがそうです。不動産を希望する価格で売るためには、それなりの時間が必要です。相続税の納付期限が迫っているからと売り急ぐと、安く買いたたかれてしまう場合が多いのです。

遺産のわけ方でもめるなど、どうしても遺産分割協議がまとまらず相続税の申告期限になってしまった場合は、原則として、申告期限は延長できないため、財産をいったん法定相続分で相続したものと仮定し、相続税を申告納税する必要があります。未分割の状態で行う申告は「小規模宅地等の特例」や「配偶者の税額軽減の特例」の適用（53ページ参照）はできないため、想定以上の納税資金を期限までに準備する必要があります。

提出の際に、「申告期限後3年以内の分割見込み書」という書類を一緒に提出し、3年以内に遺産分割が終えることができれば、特例を遡って適用することができ、払いすぎた相続税は還付されます。

損をしないためにも、相続税の申告は税理士へ相談することをおすすめします。

まとめ

- ☑相続の手続きは先延ばししない
- ☑先に行うべき手続きがある
- ☑相続税の申告は専門家である税理士に相談

3-2

相続は義務ではないので放棄することもできる

「相続放棄」、「限定承認」の手続きには相続開始から3か月の期限がある

相続には3つの選択肢があり、相続人は、必ず「単純承認」、「相続放棄」、「限定承認」の中から1つを選ばなければなりません。

■単純承認

単純承認はマイナスの財産も引き継ぎます。預貯金や不動産といったプラスの財産だけでなく、住宅ローンなどマイナスの財産も引き継ぐことになりま

す。被相続人が誰かの連帯保証人だった場合、相続した人は債権者から請求されれば借金を返済しなければなりません。

単純承認は、ほかの2つの方法と違って家庭裁判所への申し立てといった手続きは必要ありません。以下の3つの行為によって、自動的に単純承認と見なされます。

1 相続が開始したことを知った日から3か月以内に相続放棄、または限定承認の手続きを行わなかったとき。
2 相続財産を一部でも処分したとき。
3 相続放棄または限定承認をしたあとに、相続財産の一部でも隠蔽・消費・相続財産目録に記載しなかったとき。

■相続放棄

相続放棄とは、単純承認とは逆に被相続人の財産をプラスもマイナスも含めてなにも相続しないことです。相続放棄するには、相続開始を知ってから3か月以内に家庭裁判所で手続きを行わなければなりません。

相続放棄のメリットは、なんといっても借金を引き継がなくて済むことです。また、相続放棄するか否かは各相続人が1人で決めることができます。手続きさえ行ってしまえば遺産分割協議にもかかわらなくて済むので、親族と接点を持ちたくない人にとってもメリットがあります。

相続放棄をすると、相続権が下の順位に移ります。第1順位の子どもが相続放棄すると、借金の相続権が第2順位の被相続人の親に移ってしまうのです。相続放棄を検討する際は、親族に影響を及ぼす可能性も考慮しましょう。相続放棄をしたあとで、借金を上回る財産が見つかったとしても、相続放棄を取り消すことは原則できません。

■限定承認

限定承認とは、相続する財産にプラスと

マイナスがあった場合、プラスからマイナスを差し引いて残った部分のみを相続する方法です。マイナスがプラスを上回る場合は、相続は発生しません。つまり、単純承認と違って借金を相続しなくてよいことになります。この方法も、相続開始を知ってから3か月以内に家庭裁判所で手続きを行わなければなりません。

限定承認は、相続人全員で家庭裁判所に申し立てする必要があり、相続人全員の意見が一致しない場合は申し立てができません。

まとめ

- ☑ **相続には単純承認、相続放棄、限定承認の選択肢がある**
- ☑ **相続放棄、限定承認の手続きに3か月の期限がある**
- ☑ **相続放棄すると相続権は下位の相続順位に移る**

3-3

相続登記は不動産相続トラブル防止の基本

相続登記は司法書士に依頼すると安心

相続登記とは、被相続人が所有していた不動産の名義を相続人へ変更する手続きです。この手続きは、対象となる不動産を管轄する法務局で行います。その際に必要となる書類は、相続人を特定するという目的もあり、以下のようにかなり大量になります。

除籍謄本とは記載されている人がすべて除籍されていなくなった戸籍。
除籍は、転籍した場合、死亡した場合、結婚した場合に行われる

■被相続人分
・戸籍謄本、**除籍謄本、改製原戸籍**
・住民票の除票（または戸籍の附票）
■相続人分
・住民票
・戸籍謄本
・印鑑証明書
・本人確認資料（運転免許証、保険証等のコピー）
■その他
・固定資産評価証明書
・相続関係説明図
・遺産分割協議書（法定相続分以外で名義変更する場合）
・登記済権利証（原則、必要ないが、対象不動産を確認するため）

必要書類の量からもわかるように、相続登記の手続きはかなり煩雑です。ご自分で行うことも不可能ではありませんが、以下のようなケースでは登記の専

改製原戸籍（かいせいげんこせき）とは、様式が改製される前の古い戸籍。改製時に削除された項目を調べるために取得する

門家である司法書士へ依頼することをおすすめします。

・相続人が多く、遠方に住んでいる
・相続した不動産の数が多く、権利関係が複雑
・遺産分割協議書の書き方がわからない
・配偶者居住権の設定登記を行いたい

相続登記に必要な費用は、不動産の調査が必要であれば、その調査費用。それに、被相続人の戸籍謄本などの書類の取得費用と登録免許税を合計したものです。登録免許税は不動産の固定資産税評価額に０・４％をかけ、１００円未満を切り捨てた金額です。司法書士に手続きを依頼した場合は、その報酬も必要です。

速やかな相続登記は不動産相続トラブル防止の基本

相続登記は任意ですが、全国的に所有者不明の不動産が増えたため、2024年4月までには、不動産の相続を知り、所有権を取得したと知った日から3年以内に登記するよう義務づけられる予定です。相続登記は不動産の相続トラブルを防止するための基本です。相続後は速やかに登記しましょう。

まとめ

- ☑ トラブルを防ぐためにも相続登記は重要
- ☑ 相続登記は専門家の司法書士に依頼する
- ☑ 2024年から相続登記は義務化の予定

COLUMN 7

アパート・マンション建築は相続対策として有効？

アパート・マンションの建築が相続対策になる最大の理由は、現金や更地を持っているよりも、相続税評価額が低くなるからです。では、ぜひやるべきかと問われれば「ケースバイケース」と答えざるを得ません。

アパート・マンションを建てることで相続税評価額を圧縮できたとしても、建物自体が割高ならば、むしろマイナスとなるケースもあります。なかには、必要以上に高級な商品をすすめてくるハウスメーカーも存在しますので、注意が必要です。

アパート・マンション経営は、建てれば終わりではありません。その後、数十年にわたって経営を続けることになります。

賃貸経営が最終的に成功したかどうかは、物件を売却した時点で確定します。赤字経営が続く物件は、当然ながら売却価格も低くなってしまうので、失敗の可能性が高まります。

相続対策とは、子どもや孫などの子孫に対して、より多くの資産を残すことです。アパート・マンションを建てるなら税金対策と同等、またはそれ以上に、長期間安定した経営が可能かどうか立地などを中心に慎重に検討するべきです。

3-4

特別受益の持ち戻しで生前贈与の不公平を解消できる

すべての生前贈与が特別受益になるわけではない

1章でもお話ししましたが、相続人が生前の被相続人から不動産をもらったり、お金を援助してもらうなどの生前贈与を「特別受益」といいます。

金額や被相続人の生活状況、相続人との関係など様々な要素が関係してきますので、すべての贈与が特別受益となるわけではありません。正式には遺産分割協議や調停などによって認定されます。

この特別受益で問題となるのが、特別受益を受けていない相続人が、受けた相続人に対して不公平感を抱くことです。そこで、民法では相続財産を法定相続分に応じて分割する場合は、特別受益を相続財産の総額に加算することが認められています。これを「特別受益の持ち戻し」といい、特別受益を加算した計算上の相続財産を「みなし相続財産」と呼びます。特別受益の持ち戻しに関しては、以下のような規定があります。

不動産の生前贈与があった場合は、相続開始時の評価額を持ち戻しすることになります。たとえば、10年前に時価1000万円で生前贈与された土地があった場合、相続開始時の評価額が2000万円であれば2000万円として持ち戻しすることになります。

生前贈与時から相続開始時までの間に第三者に土地を売却してしまった場合でも、相続開始時にその土地があるものとして、特別受益は計算されます。

不動産を購入するための金銭の生前贈与を受けたケースでは、贈与がそれほど遠い過去のことでなければ、贈与額そのものを評価額とします。かなり過去の贈与の場合は、**消費者物価指数**をもとに、贈与時点の金銭が相続開始時

消費者物価指数とは、全国の世帯が購入したモノやサービスなどの物価の動きを把握するための統計指標。総務省が毎月発表している

にいくらの評価になっているのかを算定します。

特別受益の持ち戻しができる生前贈与の期間には制限がない

特別受益の持ち戻し対象となる生前贈与の期間に制限はありません。相続開始のどれほど前の贈与でも、特別受益と認められれば持ち戻しの対象となります。「相続開始前3年以内の暦年贈与は、贈与を受けた者の課税遺産総額に加算される」生前贈与加算（55ページ参照）と混同しないように注意しましょう。

被相続人が遺言などによって特別受益の持ち戻しの免除（60ページ参照）を意思表示すると、持ち戻しが免除され、相続の際に、特別受益を無視して遺産分割することができます。持ち戻し免除の意思表示の方法に決まりはありませんが、相続人同士でトラブルになりやすいため、書面に記載しておくことをおすすめします。

ただし、持ち戻し免除の意思表示をしても、ほかの相続人の遺留分を侵害することはできません。遺留分を侵害された相続人は特別受益を受けた相続人に対して、遺留分侵害額の請求を行うことができるので注意が必要です。

２０１９年に法改正があり、遺留分侵害の対象となる生前贈与の特別受益は、相続開始前10年以内のものしか原則として認められなくなりました。

まとめ

- ☑ **特別受益の持ち戻しで生前贈与の不公平を解消**
- ☑ **持ち戻しができる特別受益の期間には制限がない**
- ☑ **特別受益の持ち戻し免除は遺留分を侵害できない**

3-5

代表相続人を選任して手続きの煩雑さを解消する

代表相続人は遺産分割協議で選ぶ

相続時の金融機関の名義変更や不動産の売却など様々な手続きは、相続人全員の同意や署名・捺印が必要なことが多く、非常に手間と時間がかかります。

このような煩雑な手続きをスムーズに進行させせる方法の1つに、代表相続人の選出があります。代表相続人とは相続に関する様々な手続きを代表して行う人のことです。

代表相続人を選出する方法に決まりはありません。遺産分割協議の際に、相続人の中でも、平日に税務署や金融機関に出向くことができる人や、責任感があり真面目な人を選任するとよいでしょう。決定後に遺産分割協議書へその名前を記載しておきます。代表相続人は絶対に必要なものではありませんが、たとえば、つぎのようなケースで活躍してもらえます。

■固定資産税の手続き

相続が発生して遺産分割協議などで不動産の相続人が決定するまでは、相続人全員に対して固定資産税の納税義務が生じます。亡くなる前までは被相続人、遺産分割協議後は不動産の相続人と、時期により納税義務者が異なり、細かな清算が必要です。固定資産税の納税通知書は、相続登記しないと1月1日時点の所有者である被相続人宛に送付されるため、固定資産税が納付されないまま長期間が経過してしまうおそれもあります。

代表相続人を選任し、納税通知書の受け取りや立替え方法、清算手段を決めておけば、一連の納税手続きをスムーズに行うことができます。

■金融機関の手続き

被相続人の預貯金や株式などの金融資産は、遺産分割協議が終了するまで相続人全員の共有財産となります。お金の引き出しや口座の名義変更などでは、相続人全員の書類が必要になります。

代表相続人がいれば、その名前が記載された委任状や印鑑照明などを持参することで単独で手続きを済ませることができます。

■相続税の申告手続き

たとえ遺産分割協議が円満に終了したとしても、その後の相続税の申告納税には非常に手間がかかります。代表相続人がいれば、必要な書類の取り寄せ、税理

士への相談、税務署や法務局での手続きなどを代行してもらえます。

■不動産の名義変更・売却手続き

共有名義の不動産を売却する場合、共有者全員の同意が必要なうえに、同意が得られたとしても全員が売却価格に納得しなければなりません。

また、売買契約が成立した際も共有名義で登記している不動産は、名義変更のために全員分の書類が必要になります。

そこで不動産の売却を前提に代表相続人を決めて遺産分割協議書に「代表者の名前」「不動産は売却する旨」「売却の最低価格」などを記載しておけば、売却前の話し合いの手間を省いて代表者1人で手続きを進めることができます。

まとめ

- ☑代表相続人を選び、手続きの煩雑さを解消する
- ☑遺産分割協議書に代表相続人である旨を明記

3-6

不動産の共有名義は最終的には、必ず解消する

共有名義にも一定のメリットはある

1章でお話したように、相続した不動産はわけにくいので、とりあえず共有名義になりがちです。また、その共有名義が様々なトラブルにつながりやすく、最終的には解消すべきであることもお伝えしてきました。そのことをより深く理解するために、ここで共有名義のメリット・デメリットを整理しておきたいと思います。

共有名義そのものがすべて悪いわけではありません。123ページ以下でお話したような、共有することによって、売却時に所得税や相続税の支払いを減らすことができるようなケースでは、大きなメリットがあります。また、金銭的なメリットではありませんが、実家の不動産を相続時にいったん兄弟姉妹が共有することで、気持ちのうえでの公平感を得られるというメリットも確かにあります。

共有名義のデメリットは時間の経過によって大きくなる

しかし、実際はその公平感も長くは続きません。親から相続した実家に兄弟姉妹の誰かが住んでいるとします。住んでいる者は大きな恩恵をこうむりますが、住んでいない者にはなんの得もありません。その不公平感から徐々に不満が生まれ、兄弟姉妹間の争いにつながりやすいのです。

争いも起こらず時間だけが過ぎれば、住んでいた者も代替わりして、やがて孫やひ孫の世代へと移ります。気がつけば所有名義人は10人を超えて、不動産の活用法を話し合おうにも意思の統一は困難な状況に陥ります。

では、空き家にしておけば大丈夫かといえば、そうでもありません。3人兄弟の1人は家を売却して現金を分配してほしいと願い、1人は貸し出して長期的な家賃収入が欲しい。もう1人は思い出のある実家なので、そのまま残したいなどということになれば、話し合いはやはりまとまらず、こちらもまた、家族間の争いにつながりかねません。

時間の経過によって人の心が移り変わることは避けられません。不動産の共有による最大のデメリットは、金銭的な損得よりも、不動産に対する気持ちのすれ違いが家族や親族間の争いを生み出し、結果的に大切な人間関係を壊してしまう点にあると思います。

不動産の共有名義は解消することができます。166ページからは共有を解消するための具体的な方法を紹介します。

まとめ

- ☑ 時間の経過によって共有のデメリットが大きくなる
- ☑ 不動産の共有は家族間の人間関係を破壊する
- ☑ 不動産の共有名義は最終的には解消する

COLUMN 8

土地の境界線に注意！あわてないため、生前に確定しておこう

土地の境界線は、境界の点や線の位置を示す境界標によって把握できます。ところが、自分の土地の境界標がどこにあるのかを知っている人は意外に少ないものです。特に先祖代々住んでいるような土地では境界線があやふやなことも多く、境界標さえないケースも珍しくありません。相続発生時まであやふやなままにしていると、様々な問題が発生する可能性が高まります。

●相続税の支払いに相続不動産の売却代金をあてたいのだが、申告納付期限が迫ってきたので、境界線が確定されていない状態で売り出したら、買いたたかれてしまった。

●隣接地の所有者に測量の立ち会いを依頼したところ、実は被相続人と仲が悪かったということで断られてしまった。

●測量の結果、隣接地との間にある塀の下が登記上は幅1mの市の通路だったということがわかり、相続できる土地の面積が減ってしまい、遺産分割でもめた。

このような事態は、被相続人が健在なうちに、隣接地との境界線を測量で確定しておくことで避けることができます。

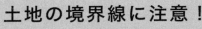

3-7

共有名義の不動産には管理や変更に3つの制限がある

管理は持ち分の過半数、変更には全員の同意が必要

共有名義の不動産の管理や変更は、共有者の1人が勝手に行うことはできません。共有者がその不動産に対して行う行為には、次のような3つの制限があります。これらを知らずに勝手に行い、大きなトラブルに発展するケースが多いので注意しましょう。

■保存行為：雨漏りの修理、庭木の剪定など

保存行為は、共有者1人でも行うことができます。保存行為とは、不動産の現状維持のために行うことをいいます。たとえば、草むしりは他の共有者の誰にも不利益にならないので単独で行っても構わないのです。

■管理行為：短期間の賃貸借、部分的なリフォームなど

管理行為とは不動産の価値を変えない程度の、小規模の利用や改良をいいます。管理行為は、共有持ち分の過半数が同意しないとできません。

たとえば、母親が2分の1、3人の

「過半数の同意」には、持ち分の過半数が必要

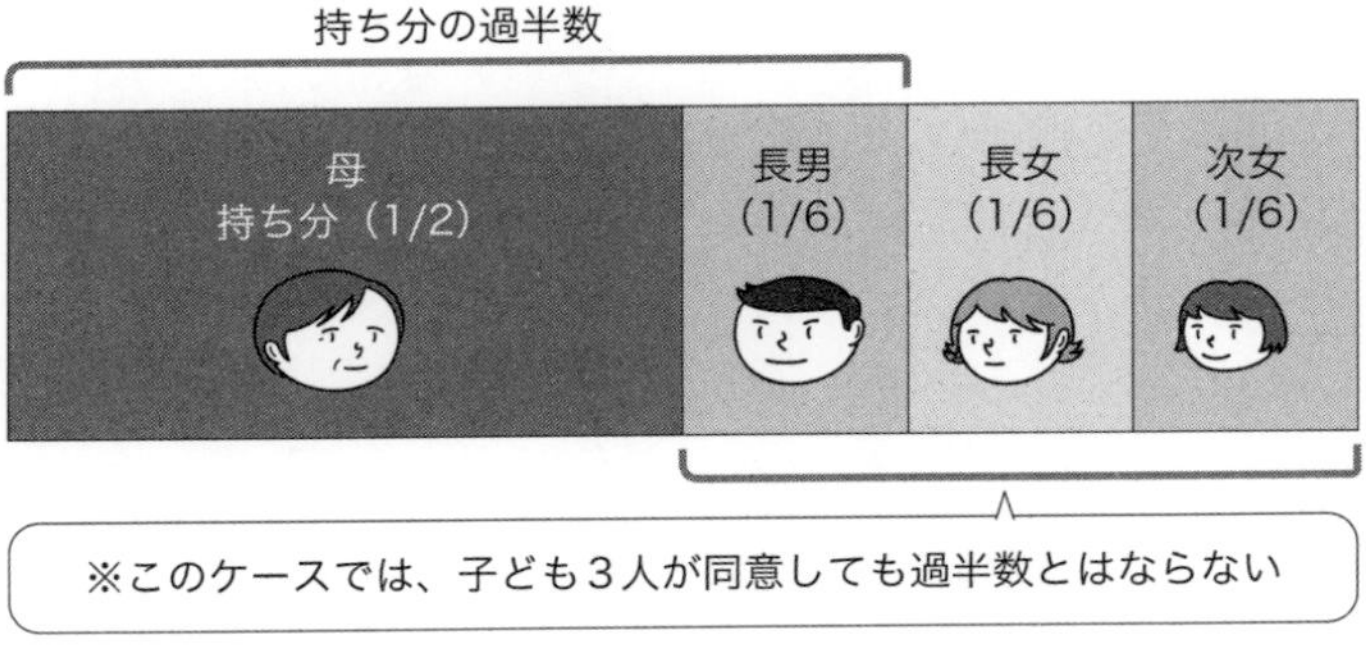

子どもが6分の1ずつの持ち分なら、子ども3人が同意してもできませんが、母親と子ども1人の合計2人では可能ということになります。共有者の人数の過半数ではないことに注意が必要です。

また、この場合の賃貸借の「短期間」とは、建物なら3年以内、土地なら5年以内の契約のことです。これらの期間内であっても借地借家法が適用される賃貸借契約は、変更行為となります。

■変更行為：期限のない一般的な賃貸借契約、大規模なリフォーム、売却など

変更行為は、共有者全員の同意がないとできません。不動産自体の価値が変化するような大規模なリフォームや売却は、共有者全員の利益に影響するからです。

たとえば、3人兄弟で共有する家に長男家族が住んでいて、長男が勝手に増築をしてしまったようなケースは違法行為となります。

ただし、自分の持ち分だけの売却（184ページ参照）は各共有者が単独で行うことができ、他の共有者の同意は必要ありません。

まとめ

- ☑ 共有名義の不動産には3つの制限がある
- ☑ 管理は持ち分の過半数の同意が必要
- ☑ 変更には全員の同意が必要

3-8

不動産共有の解消には持ち分の売却・買い取り・放棄がある

共有が解消できれば、不動産を自由に活用できる

相続不動産の共有を解消してトラブルから逃れる方法としては、次の3つがあげられます。2次相続のトラブル防止にもつながるので、ぜひ検討してみましょう。

■持ち分を売却

共有不動産の持ち分は他の共有者、または第三者へ売却することができま

す。仮に長男、長女、次男が3分の1ずつ共有していて、次男が長男へ持ち分を売却したとします。この場合、次男は共有から離脱でき、長男の持ち分が3分の2、長女の持ち分が3分の1となります。持ち分は何分割しても売却可能なので、6分の1ずつを長男と長女へ売却することもできます。

当然ですが、売却は相手が買ってくれないと成立しませんし、詳しくは後でお話しますが、第三者への売却は別の問題を引き起こす可能性もあります。

■持ち分を買い取る

持ち分を他の共有者へ売却できるということは、逆に買い取ることもできるわけです。たとえば、上記のケースで長男が共有名義の実家に住み続けているとして、長女、次男から持ち分をすべて買い取れば、共有による不平不満はなくなります。

また、共有名義の不動産が空き家であれば、共有者の1人がすべての持ち分を買い取れば、トラブルを防止できると同時に、その不動産を「建て直す」、「貸す」、「売る」など自由に活用することができるようになります。

■持ち分を放棄

「一刻も早く、共有を解消したい。でも、持ち分を第三者へ売却したら、他の共有者に迷惑がかかる」と考える人もいるでしょう。その場合は自分の持ち分を放棄することができます。

持ち分放棄には他の共有者の同意は不要ですが、持ち分の移転登記には他の共有者の同意が必要です。持ち分放棄は贈与ではありませんが、他の共有者からすれば贈与税の対象となる可能性があり、固定資産税も増えるので、登記を拒まれることもあります。その場合は、**登記引取請求訴訟**を起こせば、原則、登記が認められます。

持ち分放棄は共有が原因のトラブルから離脱できる方法の1つですが、金銭的に得るものがなにもないので、あまり利用はされていません。

遺産を放棄する手段としては相続放棄もありますが、相続開始から3か月以内に手続きしなければなりませんし、財産すべてを放棄しなければなりません。持ち分放棄であれば、不動産の共有持ち分以外の財産を相続することができます。

登記が完了しないと持ち分の放棄は成立しない。登記引取請求訴訟を起こせば、原則、棄却されないので、単独で持ち分移転登記を行える

まとめ

- 不動産共有の解消には売却・買い取り・放棄がある
- 共有を解消して不動産を自由に活用
- 持ち分は放棄することができる

3-9

実家の共有不動産の持ち分売却時の問題

問題解決には専門家の力を借りる

実家の共有名義不動産の持ち分を売却して、共有状態を解消しようとする際に発生しがちな問題があります。2つのケースで考えてみます。

1つめは共有名義人の誰かが買い取る場合です。長男、長女、次男の3人で共有していた家と土地を、両親が存命の頃から住んでいた長男が買い取りたいとします。共有持ち分はそれぞれ、3分の1です。

このケースで典型的に起こる問題が、「持ち分の希望買い取り額の食い違い」です。不動産には4つの評価額が（109ページ参照）あります。なるべく、高く買ってもらいたい長女と次男が実勢価格（相場）での買い取りを希望し、安く買いたい長男が固定資産税評価額での買い取りを希望したらどうなるでしょうか。固定資産税評価額は実勢価格の7割程度です。不動産の実勢価格が3000万円とすれば、持ち分に換算すると1000万円と700万円の違いがあります。お互いが主張を変えなければ、永久に決着しません。

こういったケースでは不動産鑑定士や不動産業者などの専門家に客観的な評価や査定をしてもらうことをおすすめします。そもそも、その不動産自体に一般の人では知り得ることができないリスクが潜んでいる場合があります。また、不動産の売買には印紙代や登記費用など様々な費用がかかります。さらに不動産業者に仲介を依頼する場合は仲介手数料、不動産鑑定士に評価を依頼する場合は鑑定費用がかかります。

こういったことも考慮したうえで、お互いが納得できる価格を提示してもらうのです。家族の人間関係を壊さないためにも、冷静になって互いに歩みよる気持ちが大切だと思います。

話し合いで決めたことはすべてを文書に残す

では、２つ目の共有不動産の持ち分を、第三者に売却するようなケースではどうでしょうか。このケースでは、共有者全員が売却について同意している場合と、同意がなく単独で持ち分を売却する場合が考えられますが、後者については184ページで詳しくお話します。

ここで典型的に発生する問題は、「希望売却価格と希望売却時期の食い違い」です。たとえば、長男、長女、次男の３人で共有している不動産を売却して分配するというところまでは同意していても、その実態は、長男は来年進学する子どもの学費にあてたいので適正な価格であれば早く売りたい、経済的に困っていない長女は時間がかかっても高値で売りたい、次男は手間をかけたくないのでどちらでも構わないとまったくのバラバラ状態であったりします。

また、途中で誰かの気が変わり、売却するのではなく、賃貸に出したいなどといい出すこともよくある話です。こういった問題を解決し、売却を実現するためには、「口約束は避け、話し合いで決めたことはすべて文書に残す」ことが絶対に必要だと思います。

また、こちらのようなケースでも売却することに全員が同意した時点で、信頼できる不動産業者に相談すると、売却を実現できる可能性が高まるのでおすすめです。

まとめ

- ☑ 持ち分の売却には特有の問題が発生する
- ☑ お互いが譲り合う気持ちも大切
- ☑ 決めたことは、必ず文書化しておく

COLUMN 9

明日、自分が死ぬと考えて遺言書の付言事項を書く

遺言書の内容は、大きく2つにわけられます。1つは、相続分の指定や特別受益に関することなど法的効力が認められる部分で、これを法定遺言事項といいます。もう1つは、家族へのメッセージなどの部分で、これを付言事項といいます。付言事項は相続人に法定遺言事項をより深く納得してもらうためにも、ぜひ書いていただきたいと思います。

付言事項には、なにを書いても構いません。たとえば、愛する家族、お世話になった人たちなどへ、手紙のような形で感謝の言葉を伝えます。お葬式の規模や使用する楽曲、祭壇の花の種類などの希望を書いてもよいでしょう。

遺留分の侵害や法定相続人以外の人への遺贈は、トラブルの原因になりがちですので、その理由も記しておきます。本人の正直な気持ちを丁寧に綴り、そのうえで「遺留分は請求しないでほしい」などの希望を書けば、相続人の納得感が増し、トラブルの防止にも役立ちます。

遺言を書くのに、早すぎることはありません。「もし明日自分が死んだら」と考えることで、本気で自分自身と向き合い、残される家族の気持ちも想像できるようになります。

3-10

現物分割・代金分割・代償分割で相続時に不動産を分割する

不動産の現物分割は公平なようで公平ではない

相続が開始して共有状態となった不動産を、将来的なトラブルにつながりやすい共有名義にしないで、遺産分割協議で各相続人に分割することができます。次のような方法がありますので、状況に応じて選択してください。

■現物分割

敷地内に境界線を設け、各相続人にわける方法です。合理的なように思えますが、実際にはなかなかうまくいきません。その理由は土地という財産の特徴にあります。

3000万円の預貯金なら、3分の1ずつの1000万円で現物分割すれば、不公平はありません。では、評価額3000万円の土地を面積で3分の1ずつに分筆（126ページ参照）するとどうなるでしょうか。すると、南側、角地などの土地の評価額が高くなるとか、地域によっては、「80㎡以下の土地は住宅建築不可」などといった敷地面積の制限にかかり、分割後の活用範囲が著しく狭くなるなど様々な不公平や不都合が生まれてしまいがちなのです。

代金分割は合理的な分割方法

■代金分割（換価賠償）

それに対して、不動産を売却して、そこで得た代金を各相続人に分配する代金分割は公平感があるので、遺産分割協議で全員の同意さえあれば、もっとも

相続不動産の3つの分割方法

事　例

相続した60坪の実家
不動産評価額は3,000万円
（建物は価値なし）

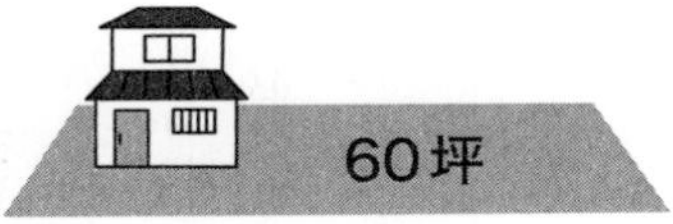

❶ 現物分割　土地を分筆

長男20坪	長女20坪	次男20坪

3人が各20坪を単独名義で所有

❷ 代金分割（換価賠償）　土地を売却して分配する

60坪の代金 3,000万円

長男 1,000万円	長女 1,000万円	次男 1,000万円

代金3,000万円を3人で1,000万円ずつ分配

❸ 代償分割（価格賠償）　共有者の1人がほかの共有者の持ち分を買い取る

売却

長男20坪	長女20坪	次男20坪

代償金

代償金1,000万円を長男が長女と次男に支払って共有持ち分を買い取り、60坪を単独名義で所有

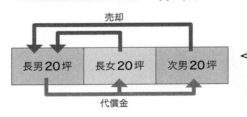

合理的に不動産を分割できる方法といえるでしょう。
156ページでお話したように、遺産分割協議で代表相続人を決めて、登記簿上は代表者1人で相続していることにしておけば、売却時の手続きや名義変更、代金の分配も比較的スムーズに行えます。

■代償分割（価格賠償）

相続人の1人がほかの相続人に現金（代償金）を支払うことで、相続不動産の単独所有者になる方法です。相続不動産が事業の承継や居住などに必要な場合に選択できます。共有の持ち分の買い取りに近い方法ですが、相続時に選択できる点が大きく違います。

この代償分割で注意しなければならないのは、その内容を遺産分割協議書に記載しておかなければいけないことです。

たとえば、時価3000万円の相続不動産に対して長男、長女、次男という3人の相続人がいたとします。長男が長女と次男にそれぞれ1000万円ずつ支払ったとすると、遺産分割協議書には、「長男が、長女と次男に対して、1000万円ずつ支払って、代償分割した」と記載しておきます。

また、代償金の金額は、遺産分割協議によって自由に決められますが、遺産分割協議書に明記しておかなければ、贈与税の課税対象となる場合もあります。

相続税、譲渡所得税などの申告も必要になるので、代償分割を選択するときには、税理士への相談が必須です。

まとめ

- ☑ **不動産の現物分割は不公平になりがち**
- ☑ **代金分割が最も合理的な分割方法**
- ☑ **代償分割は税理士への相談が必須**

3-11

共有解消の最後の切り札、共有物分割請求訴訟

ほぼ確実に共有を解消できるがダメージも大きい

共有名義の解消について何度話し合っても結論が出ない。または、そもそも話し合いに応じてくれない人がいる場合、地方裁判所もしくは簡易裁判所へ分割方法を決めてもらう申し立てをすることができます。これを「共有物分割請求訴訟」といい、不動産の共有を解消するための最終手段です。

共有物分割請求訴訟は、「代金分割したい」とか「代償分割したい」と申し

立てたとしても、裁判所がその可否を判定してくれるわけではなく、結果的に自分が望まない分割方法になる可能性があることに注意が必要です。

実際の裁判では、和解案の提示が最初に行われるケースが多いですが、そうでない場合もあります。そして、和解が成立しなければ、原告や被告の主張に沿って、現物分割、代償分割（全面的価格賠償）、代金分割（換価賠償）が検討され、そのいずれか、あるいは、その組み合わせで解決が図られることになります。

不動産の現物分割は、家やマンションでは分割すること自体が不可能、土地であっても分割すると著しく価値が下がるか価値の過不足が生じるなど、要件を満たさないケースが多い。代償分割は、そもそも相手方が応じないケースが多い。ということで、消去法的な選択肢として代金分割に落ち着くケースが多いように思います。

この場合の代金分割はふつうの不動産売買によるものではなく、競売によるものとなります。一般的に競売での落札価格は、不動産売買の相場の7割程度になってしまいます。

共有物分割請求訴訟は非常に時間がかかります。判決が下りるまでに1～2年はざらで、さらに競売に必要な期間まで入れると、その時間的な損失は膨大です。

それに加えて、競売の落札価格は相場よりも低く、裁判手続きの費用もかかります。心理的なダメージも大きく、結果的にはかかわった者全員の不利益になると思います。

まれに共有が解消できない場合もありますが、ほとんどのケースで、裁判所がなんらかの分割方法を決めてくれるので、「どうしても共有を解消したい」という方には、有効な選択肢となります。まさに最終手段です。

共有物不分割登記で共有物分割請求訴訟を防止する

この共有物分割請求訴訟を避ける方法があります。それが「共有物不分割登記」です。共有者全員で期間（最大5年　更新が可能）を定めて、その間は共有者の誰かが分割を請求することを禁止する契約を結びます。その内容を明記して登記しておけば、共有者が仮に第三者に持ち分を譲渡しても、共有物分割請求訴訟を防止できます。

将来的な換価分割に共有者全員が同意しているケースで、抜け駆けを防止したいような場合に有効な手続きです

まとめ

- ☑ 共有物分割請求訴訟は共有解消の最後の切り札
- ☑ ほぼ確実に共有解消できるが様々なダメージも大きい
- ☑ 共有物不分割登記で避けることができる

3-12

共有不動産の持ち分は第三者へ売却できる

売ることは自由だが新たなトラブルを生む

たびたびお話してきましたが、共有不動産の自分の持ち分を第三者へ売却することは可能です。しかも、ほかの共有者にその旨を伝える必要もありません。共有不動産の持ち分は個人の財産なので、それをどう処分するかは個人の自由なのです。

その方法は意外にかんたんです。インターネットで「不動産 持ち分 買い取り」といった検索ワードを入力すれば、複数の買い取り専門業者がすぐに見つかります。

また、一般的な不動産会社でも自社で直接買い取りを業務を行っていなくても、相談すれば買い取り業者を紹介してくれます。

買い取り業者と金額面で折り合いがつけば、速やかに売却契約を締結することができます。共有者との面倒なトラブルから解放され、同時に現金化ができるのですから、こんないいことはないと思うかもしれません。

しかし、買い取り業者への売却には、思わぬ落とし穴があります。まずは、買い取り金額です。共有不動産の評価額が3000万円、持ち分が3分の1だとすると、買い取り金額はいくらくらいになると思われますか。なんと、3000万円の3分の1の、また10分の1。つまり100万円程度しか提示されない場合が珍しくないのです。もし100万円に納得し、売ってしまったとすると、つぎに起こることはこうです。

不動産業者は残りの共有者を訪ね、不動産業者の持ち分を適正な価格（相場）で買い取るか、共同で不動産を第三者に売却するか、どちらかを選ぶように迫

COLUMN 10

相続や相続対策の際に相談する専門家ポジショントークには注意！

相続に関する相談相手には様々な専門家がいます。どのような専門家がいるのか、また、その特徴をかんたんに紹介します。

■弁護士：法律全般のエキスパート。代理権があるため、遺産分割協議や家庭裁判所での調停、審判を進めることができます。争いに発展するケースでは弁護士への依頼が必須でしょう。

■司法書士：登記の専門家。名義変更登記の申請や相続放棄に関する書類作成を代行します。相続人同士の争いがない場合は、司法書士が基本的にすべての相続手続きを進めることができます。

■行政書士：役所などに提出する書類を作成する専門家。戸籍の収集や遺言書、遺産分割協議書の作成などを行います。業務はあくまでも書類の作成です。

■税理士：税金の専門家。計算が複雑な相続税の申告手続きや生前贈与、節税対策などの相談をすることができます。相続税を支払う必要がある相続では、税理士への相談が必須です。

■FP（ファイナンシャルプランナー）：お金の専門家。相続税の軽減方法や相続税対策に向いている金融・保険商品などの紹介を受けることができます。

相続前の相談をおすすめします。

■土地家屋調査士：土地や建物を調査・測量して、図面の作成や不動産の登記などを行う専門家。相続不動産の土地の測量や境界線の確定なども行います。

■不動産業者：不動産取引の専門家。各士業と連携して、相続不動産の価格査定や売買・賃貸に関する提案・手続きを行います。会社により得意分野が異なるため、ニーズに合った不動産業者を選びましょう。

■銀行・信託銀行：相続に関する商品として「遺言信託」があります。これは遺言書の作成から保管、執行までをワンストップでサポートするサービスです。大手ならではの安心感があるように思えますが、司法書士や弁護士へ依頼するよりも高額になる場合があります。

専門家全員が相続を得意としているわけではありません。事務所が近いといった理由で選ばず、相続に関する実績がある専門家を選ぶとよいでしょう。専門家の中には、自社商品または提携する専門家を紹介するためのアドバイス、いわゆる「ポジショントーク」をする人もいます。怪しいと感じたら、必ず、ほかの専門家へセカンドオピニオンを求めることをおすすめします。

おわりに

2018年の創業時、私は「高い専門知識を身につけたプロの不動産エージェントとして、常にお客さまに的確かつ最良のアドバイスをすること」を企業理念として掲げました。幸い、多くのお客さまのご支持をいただくことができ、また、企業理念に賛同して集まってくれた仲間たちの力もあり、おかげさまで創業以来、社業は順調に発展しています。

そのなかで、日々、お客さまから不動産売買に関するご相談をたくさんいただきますが、このところ、特に増えているのが不動産相続のお悩みです。2020年から2021年（10月現在）には、前年比で約4・3倍にもなりました。内容はといいますと、「相続後、しかも相続争いが起こった後の不動産売却についてのご相談」が圧倒的に多いのです。もし、相続前にご相談いただけていれば、ご親族同士の争いは避けられたのではと残念に思うケースも少なくありませんでした。

しかし、お客さまには、相続前に不動産業者に相談すると売却を急かされるのではとの心配があり、しかたないことのようにも思います。そこで、お客さまが無用な相続争いを回避できるように、なにか発信できることはないかと考え、本書に相続と不動産の基礎的な知識をまとめました。金銭的な損をしないことはもちろん重要ですが、親族間の良好な人間関係を維持することはもっと大切だと考えるからです。

残念なことに、お客さまの相続と不動産に関する情報不足につけこみ、顧客利益よりも自社利益を優先する様々な専門家が、不動産業者も含め、存在するのは事実です。お客さまが相続と不動産についての正しい知識を持つことによって、そのような専門家にだまされるリスクも回避することができます。

本書の刊行にあたり、法律に関係する部分を執筆いただいた高橋朋宏先生、多くのアドバイスをいただいた松尾法律事務所・弁護士の神田友輔先生、遠藤綜合法律事務所・弁護士の川端克俊先生をはじめ、多くの方々のお力添えに、深く感謝しております。最後までお読みいただき、ありがとうございました。

〔著者紹介〕

山本健司（やまもと・けんじ）

1983年生まれ。東京で50年続く不動産会社の３代目として、大学卒業後、家業に従事。その後、東急リバブルに入社し、不動産仲介部門契約件数全国１位を連続受賞。ソニー不動産（現SREホールディングス）に転職後は、最年少マネージャーとして社長賞受賞。2018年、ミライアス株式会社を創業。顧客の利益を最優先する「スマート仲介」を打ち出し、不動産業界に新風を吹き込む。

高橋朋宏（たかはし・ともひろ）

1979年生まれ。2004年、司法書士試験合格。2014年に経堂司法書士事務所を承継し、代表に就任。多くの相続問題に携わり、自身も遺言書を書いた経験から、遺言書の魅力に心酔。“遺言伝道師はしトモ”を名乗り、ワークショップ「The Last Word」やオンラインサロン「ゆい友ルーム」などを通し、想いを伝える遺言書の価値を広めている。

損しない！ モメない！ 実家の不動産相続のヒケツ

2021年11月18日　初版第1刷発行

著　者　山本健司
　　　　高橋朋宏

発行人　海野雅子

発　行　サンルクス株式会社
　　　　〒136-0076　東京都江東区南砂 1-20-1-403
　　　　電話 03-6326-8946

発　売　サンクチュアリ出版
　　　　〒113-0023　東京都文京区向丘 2-14-9
　　　　電話 03-5834-2507

印　刷　株式会社シナノ

製　本　有限会社 栄久堂

イラスト　浜畠かのう、 鈴木さゆみ

ISBN978-4-8014-8351-4 C0033 ¥1500E